VOCATVS·ATQV
VOCATVS·DEVS·

Página anterior: Porta de entrada da casa do casal Emma e Carl Gustav Jung, localizada às margens do lago de Zurique na cidadezinha de Küsnacht, Seestrasse 228. Jung mandou entalhar sobre ela a famosa frase *Vocatus atque non vocatus Deus aderit* (*Invocado ou não, Deus está presente*). Foto de Tim Gidal em *C. G. Jung Word and Image,* Aniela Jafé (ed.), Princeton University Press, 1979, p. 137.

A Voz e o Tempo

1ª edição, 2008
2ª edição, revista e aumentada, 2011
3ª edição, aumentada, 2020

Dados Internacionais de Catalogação na Publicação (CIP)
(Câmara Brasileira do Livro, SP, Brasil)

Gambini, Roberto
A Voz e o Tempo: Reflexões para Jovens Terapeutas / Roberto Gambini. – 3ª ed. – Cotia, SP: Ateliê Editorial, 2020.

ISBN: 978-65-5580-016-6

1. Psicanálise 2. Psicanálise junguiana I. Título.

20-42714 CDD-150.1954

Índices para catálogo sistemático:
1. Psicanálise: Sistema junguiano: Psicologia 150.1954

Cibele Maria Dias – Bibliotecária – CRB-8/9427

Direitos reservados à
ATELIÊ EDITORIAL

Estrada da Aldeia de Carapicuíba, 897
06709-300 – Granja Viana – Cotia – SP
Tel.: (11) 4702-5915
www.atelie.com.br | contato@atelie.com.br
facebook.com/atelieeditorial | blog.atelie.com.br
instagram.com/atelie_editorial

Printed in Brazil 2020
Foi feito depósito legal

ROBERTO GAMBINI

A Voz e o Tempo

Reflexões para Jovens Terapeutas

Ateliê Editorial

Para Adélia Bezerra de Meneses e Enrico Lippolis,
que amorosamente criaram comigo um campo sensível de interação
em que o sem-forma adquiriu nome e expressão.
Gratidão é pouco.

Sumário

A VOZ E O TEMPO: o que o tempo fez com minha voz, minha expressão. No decorrer dos últimos trinta anos, durante os quais me dediquei ao ofício da psicoterapia, acumularam-se em algum ponto do trajeto que leva das entranhas à mente, passando pelo coração, camadas sobre camadas de sentimentos, observações, pensamentos, aprendizados, experimentos, descobertas, questionamentos, formulações, tomadas de posição. O tempo operou sobre essa estratigrafia de impressões e acabou revelando seu poder de moldar toda essa massa plástica sutil e transformá-la em palavra pronunciada, que agora apresento como texto dedicado a jovens terapeutas em busca de seus caminhos e de suas verdades.

PREFÁCIO

Tempo e Analista

Adélia Bezerra de Meneses

Já vestindo a pele do artista
O tempo arrebata-lhe a garganta
O velho cantor subindo ao palco
Apenas abre a voz, e o tempo canta.
CHICO BUARQUE

ESSES VERSOS de Chico Buarque, de *Tempo e Artista*, que tematizam o tempo como instância criadora, ecoam singularmente em *A Voz e o Tempo* de Roberto Gambini. Com efeito, nessa canção que expressa a relação do artista com o Tempo, subjaz a ideia platônica do *enthous*iasmo (de *en* + *theós*: com um deus dentro): o artista é aquele ser pela boca de quem fala o *daimon,* fala a divindade. O poeta – o artista, em geral, é porta-voz.

Transcrevo aqui algumas estrofes dessa canção:

Imagino o artista num anfiteatro
Onde o tempo é a grande estrela
Vejo o tempo obrar a sua arte
Tendo o mesmo artista como tela.

Modelando o artista ao seu feitio
O tempo, com seu lápis impreciso
Põe-lhe rugas ao redor da boca,
Como contrapesos de um sorriso.

Já vestindo a pele do artista
O tempo arrebata-lhe a garganta
O velho cantor subindo ao palco
Apenas abre a voz, e o tempo canta.

[...]

No anfiteatro, sob o céu de estrelas
Um concerto eu imagino
Onde, num relance o tempo alcance a glória
E o artista, o infinito.

Aqui o artista se oferece como suporte para ação de um Outro: é tela para pintura, deixa-se modelar, empresta-lhe a própria pele, tem sua garganta por ele arrebatada, cede-lhe a voz. Através dele, o Tempo age. Há que se examinar o que é esse Tempo, que não é (só) responsável por decadência e finitude, mas um agente que madura, matura, sazona – o vinho e os homens. De um lado, num nível mítico, o Tempo é uma espécie de princípio primordial de criação, como na cosmogonia órfica; de outro lado, é metáfora da maturidade, daquilo que a experiência trama e condensa.

Mas o que é significativo, e absolutamente surpreendente, é que ao escolher o título para o seu livro, Roberto Gambini *não conhecia* esta canção de Chico. Ao ser-lhe apresentada, ficou evidente a sintonia, e que os elos que Chico Buarque tece entre o Tempo e o Artista valem para o Tempo e o Analista, como se verá.

Com efeito, o que se lerá neste livro são reflexões de um terapeuta, elaborações teóricas, decantação de leituras e estudos, construção de caminhos absolutamente não corriqueiros para se pensar a terapia e a vida, e sobretudo, algo que radica na empiria e que é fruto da interação com o paciente, no seu oficiar quotidiano do consultório, em sintonização rente à subjetividade do outro.

E aqui o Autor empreende um esforço pungente de apanhar a mola, o nervo do seu ofício de terapeuta – essa profissão em que, mais do que em qualquer outra que ao longo dos séculos o ser humano tenha inventado, se exige que o profissional entre não apenas com o seu saber (forjado a custo de estudo, rigor, método, disciplina), mas, na sua plena subjetividade, com *o que ele é*. E isso em contextos de alto tônus afetivo – de troca, de circulação de energia psíquica – em que emoção se torna categoria cognitiva.

Longe de constituir como que uma espécie de elenco de diretivas a jovens analistas, ou conselhos práticos de um profissional experiente e detentor de uma técnica a ser transmitida a principiantes, *A Voz e o Tempo* condensa aquilo que é o cerne, o caroço, o essencial para alguém que se entrega à sua atividade como a um destino."Hoje sou profundamente casado com minha profissão, que não pode ser outra", diz Roberto Gambini à p. 35. A metáfora matrimonial não é artifício retórico; ela sela o grau de comprometimento de que se revestiu para ele essa escolha como via de realização integral, vínculo apaixonado, interpelação decisiva para germinar vida, condição inapelável para a individuação. Não se trata assim de um mero "trabalho", mas resposta a um chamamento a que não pode se esquivar. Ser terapeuta, dessa perspectiva, só pode ser compreendido integralmente como *voc*ação (e na raiz etimológica dessa palavra, embute-se o termo *voz*...). Não é, para quem é con-*voc*ado, uma das possibilidades de realização, mas *a* possibilidade, que, se abortada, levaria a uma mutilação.

Temos neste livro a transcrição de uma fala, moldada em palavra impressa, com o fim de lhe assegurar permanência e difusão para além do círculo restrito (e privilegiado!) de ouvintes que criaram a indispensável escuta: como dirá o próprio Autor, ele acredita na conversa. Essa fala, agora escrita, continua a ressoar nos nossos ouvidos como voz, conservando o calor da palavra humana, da oralidade que é sua marca de origem.

Trata-se de uma fala em dois tempos, quando Roberto foi solicitado, por grupos diferentes, a discorrer sobre seu ofício. Primeiro tempo: 1997, quando o Autor tinha já dezenove anos de exercício de profissão. Segundo tempo: 2008, quando ele comemora trinta anos como analista junguiano.

Se é verdade que ao escolher o título para seu novo livro, Roberto Gambini ainda não conhecia a canção de Chico Buarque, é verdade também que não apenas o título a evoca: essa ideia de um Tempo criador marca singularmente o seu texto, e comparece, literalmente explicitada, no capítulo "A Terapia como Ofício", no que ele chama de "reflexão básica":

> O que é que aprendo com minha vida para poder entender melhor a vida do Outro? O que é que fui amadurecendo, que ilusões fui perdendo, como fui mudando meu vocabulário, como fui re-entendendo a teoria, *o que o tempo fez comigo?* Não assim: o tempo me envelheceu. Mas: qual a mudança na reflexão que o tempo trouxe? (p. 121).

E o que é interessantíssimo é ver, em pouco mais de dez anos, a ação desse Tempo criador, é flagrar sua passagem na reflexão do Autor. Em 1997 ele já carrega sua sólida formação iniciada como sociólogo na USP, expandida no Mestrado em Ciências Sociais em Chicago, testada como docente de Ciência Política na Unicamp, redirecionada para a Psicologia Analítica e plenamente desabrochada no Instituto Jung de Zurique: ele é aquilo que se pode chamar um analista junguiano pleno, criativo, de posse dos ricos veios abertos pelo pensamento de Jung e pela convivência com os junguianos da primeira geração (foi orientando, na sua tese em Zurique, de Marie-Louise von Franz). Pois bem: é extremamente instigante verificar, por exemplo, ao tratar de um mesmo tema, quais alterações, depois de dez anos, suas reflexões sofreram; o que foi incorporado, o que foi destilado.

Vamos a alguns exemplos.

Tomo em primeiro lugar o tema da *transferência*. Em 1997, ele aborda esse assunto inclusive através de alguns "sonhos de transferência", analisando um deles, em que uma paciente sonha que prepara para si e para o analista um banho de ofurô. E aí o vemos, em pleno domínio da sua teoria e do seu método, apontar nesse sonho, usando da amplificação, as imagens do *Rosarium Philosophorum* em que Jung se baseou para escrever sobre Transferência, vendo nessas figuras alquímicas o *hierosgamos*, o processo de individuação numa de suas fases, em que o Rei e a Rainha devem mergulhar no banho mercurial que precede o casamento do masculino com o feminino. Uma bela interpretação, que mostra de relance o perfil do oneirocrítico.

Pois bem, como ele tratará do mesmo tema na fala de 2008? Numa dicção personalíssima e nova, ele situará a transferência dentro do arquétipo da *busca de ser compreendido*, como uma necessidade tão vital quanto ser amado. E numa reflexão radicalmente original, que não estará calcada em nenhuma bibliografia junguiana ou outra, mas se embasará na empiria, no "livro"[1] vivo que ele tem sempre diante de si na poltrona que o defronta, Roberto vai desenvolver um pensamento segundo o qual o que está em jogo na transferência é esta sua dimensão arquetípica, como que uma "pulsão de busca por um outro que me compreenda". Ser conhecido, para conseguir *ser*: uma necessidade básica, radical, fundante do ser humano; e a percepção de que esse *co*nhecimento só se faz junto *com* o outro, em *com*unhão.

Um outro exemplo daquilo em que eu vejo um adensamento no rumo de um pensamento ardidamente original também dirá respeito a sonhos. Endossando a extrema valorização junguiana do material onírico e o efeito transformador do trabalho com sonhos, e, sempre, assinalando a importância de atuar segundo um "método", o segundo tempo avança. E é assim que na entrevista de 2008, Roberto, propondo um inusitado símile para o trabalho do analista com o sonho, constrói a inesperada metáfora da diálise. Para dar conta daquilo que convencionalmente se chama "interpretação" de um sonho, ele recorre a uma metáfora tão orgânica, tão entranhadamente corporal, fisiológica: a necessidade de o sangue circular fora do organismo que o produziu, correr nas veias de um Outro, e voltar, processado e enriquecido. É isso para ele a "interpretação": a matéria do sonho, como o sangue, precisa circular em outras veias, ser retransfundida no analista, passar pelo seu

1. Imagem que ele próprio cunhou, para falar do paciente: "um livro numa poltrona" (p. 122).

circuito psíquico e emocional, e daí retornar oxigenada, transformada. Sai daquele que o produziu, não passa por uma máquina, mas sim por outro ser humano, o único que poderia lhe trazer, não oxigênio, não simplesmente ar, mas, eu diria, *pneuma* (= espírito). Belíssima imagem para se dizer que, na aventura humana, precisamos do Outro:

> [...] um pensamento extremamente transformador ou benéfico à alma se origina numa pessoa que está péssima. Ela não tem condições de abrigar aquele pensamento, de fazer nada com ele. Conta-o para o terapeuta. Este o recebe, processa-o e o devolve para o paciente, seu dono. Desenha-se então um círculo, uma rotação. E aí temos numa casca de noz todo o mistério da transferência, todo o mistério da relação analítica (p. 155).

Mas – e isso é importante – não se cai em nenhum impressionismo terapêutico, não se facilita na exigência, não se abdica do método.

E um terceiro momento de extraordinária decantação ou destilação de ideias dirá respeito às reflexões sobre a *dor* – matéria-prima com a qual trabalha privilegiadamente qualquer terapeuta, como diz o Autor, "por acreditar que a única maneira de começar a cuidar da alma é lidar com sua dor e não com sua plenitude feliz, porque nesse caso a pessoa não estaria no consultório, mas regozijando-se com a vida" (p. 133). E como um engaste tenso, a ideia, de insuspeitada fecundidade, de que: "A alma, no estado de dor, gera. [...] E o que por ela é gerado é de vital importância, não devendo ser confundido com felicidade. Não se deve pensar que o fundo da terapia seja um nível mágico onde a dor estanca" (p. 134).

Roberto Gambini ousa ir fundo nessa reflexão, vai para o limite das coisas: a terapia seria um trabalho de "tocar um cerne obscuro que nos apavora, e que até preferiríamos ignorar, que é o *coração da agonia*, porque lá, em seu mais íntimo, pulsa e vibra uma força de renascimento e restauração do que foi destruído e caiu nas trevas da sombra" (p. 136). E a dor pode ser *uma força criativa ou letal* – mas dessa tensão se tira uma formidável energia. Fizeram-se necessários trinta anos de um oficiar analítico para se conseguir verbalizar algo de tal intensidade e verdade? Aqui também o Tempo agiu, o tempo decantou.

Ao articular suas reflexões, Roberto Gambini fisga aquilo que por vezes está no limite do dizível. Aliás, é esta uma das qualidades que fazem seu texto, em alguns momentos, bordejar o poético: é a experiência poética que traz a possibilidade de comungar com o inexprimível, o não racional, o transcendente – que encerra muitas vezes a medula mesma da realidade. A poesia nomeia, articula, coloca em palavras realidades que confusamente sentimos, e vivemos, mas que não saberíamos expressar. E o Autor faz isso muitas vezes através de imagens, propiciando-nos uma apreensão sensorial, plástica, da realidade.

Assim, a imagem do *solo cultivável:* onde outros utilizariam *setting* analítico, Roberto Gambini usa essa metáfora agrícola para falar do "espaço de metro e meio entre as duas poltronas", solo cultivado a quatro mãos e onde acontece o trabalho analítico, ou como ele diz reiteradamente, o seu *ofício* – palavra que lhe é cara e que remete ao universo do rito. Ele nunca usa os termos "trabalho", "atividade profissional", ou mesmo "profissão"; mas em determinada altura, fala em *operare*, *laborare*, *officiare*. E então seu estilo, de espontânea e desataviada fluidez, ganha uma certa solenidade quase ritualística, com o timbre desses vetustos termos latinos. E um pouco mais adiante, ele dirá: "É a minha lavoura! E nem sei mesmo por que chamei isso de 'ofício'" (p. 157). Ele pode não saber, mas acho que seu inconsciente sabe. Sabe da ligação entranhada entre "lavoura" e "ofício", palavra de etimologia latina, vinda de *opus* + *facere* = fazer a obra, fazer o trabalho. *Oficiar* – as palavras guardam dentro de si a força da origem, mesmo que a desconheçamos. Pois *Opus*, de uma raiz etimológica usada na língua religiosa, vincula-se ao sagrado, e é o mesmo termo dos alquimistas para a *Obra* que perfazem na sua retorta; diz respeito às "obras" de um Autor, às "obras" de um artista, mas se reserva sobretudo para a agricultura, o cultivo do campo. Assim temos, reunidos num só núcleo, o cultivo do solo, a produção criativa e o trabalho alquímico de realizar a integração do indivíduo: *Oficiar*. E aí se pode experimentar o poderoso enriquecimento da pessoa, em contato fertilizante com o outro.

Ainda uma observação se faz necessária sobre o Autor deste livro, cujo pensamento flui em águas da interdisciplinariedade, articulando História e Psique. Creio poder dizer que ele foi germinado na Maria Antônia – a Faculdade de Filosofia, Ciências e Letras da USP, sediada na rua desse nome até 1968[2] – e que marcou singularmente aqueles que por lá passaram, sobretudo nos anos tensos e intensos da década de 1960. Efetivamente, pode-se dizer que muito de Roberto Gambini é fruto da Maria Antônia, esse espaço-tempo de agudo espírito crítico e reflexão sobre a realidade sociocultural brasileira, em que toda uma geração de estudantes intencionava apaixonadamente entender o Brasil, e mudá-lo. E onde se forjava aquilo que Antonio Candido chamou de "pensamento radical".

Mas voltemos a *A Voz e o Tempo*. Trata-se, enfim, neste livro, de uma voz que, como a do Velho do Restelo de Camões, é voz de resistência, e brota do peito experimentado. Com efeito o Velho do Restelo, que aparece numa das mais tocantes passagens de *Os Lusíadas*[3], é um personagem de "experto peito", isto é, experimentado coração, que, assistindo às despedidas dos marinheiros embarcados na Armada de Vasco da Gama daqueles que lhes são caros (mães, mulheres, filhos, amigos), testemunha a dor humana. E nesse momento em que se articula a "Grande História" (dos Descobrimentos) à "pequena história" (de seres humanos que sofrem), o velho tem a coragem da compaixão e, confrontando-se ao imperativo de glória e fama dos Grandes Navegadores, resgatando a subjetividade e os sentimentos, defende o mundo dos afetos. (Tudo a ver com quem deixou de ser Professor de Ciência Política para se tornar terapeuta.) Pois aqui Roberto Gambini também, como esse personagem,

2. Em dezembro de 1968, aconteceu nessa rua a guerra estudantil em que se travou a simbólica batalha da Esquerda × Direita (USP × Mackenzie); atingido o velho e querido prédio cinzento de colunas gregas da Faculdade de Filosofia, Ciências e Letras da USP (FFCL) pelos coquetéis molotov lançados a partir do edifício fronteiriço, foi o Curso de Ciências Sociais, junto com os demais da Faculdade de Filosofia da Universidade de São Paulo, transplantado para a Cidade Universitária.
3. Camões, *Os Lusíadas*, Canto IV, estrofe. XCIV.

A voz pesada hum pouco alevantando
[...]
C´hum saber só de experiências feito,
Taes palavras tirou do experto peito.

Ouçamos essas palavras, o calor dessa voz, moldada em palavra impressa, nas páginas que se seguirão.

Introdução

RESOLVI COMEMORAR trinta anos de trabalho em meu consultório escrevendo este livro, uma revisão do fio que conduziu uma parte essencial de minha vida e de tudo o que pensei sobre o meu ofício. Ele muito deve ao encorajamento de Adélia Bezerra de Meneses. Certamente por ser uma grande conhecedora de teoria e crítica literária, ela devotou a meus textos um olhar tão amoroso que acabou por convencer-me a publicá-los, julgando que seriam de interesse para outras pessoas, especialmente jovens terapeutas em formação, aos quais, no próprio título, este livro é dedicado. Ela me ajudou a organizá-los e apresentou-me a seu amigo Plinio Martins Filho, da Ateliê Editorial, que se interessou em publicá-los.

Pouco hábil que sou em questões de informática, beneficiei-me enormemente da ajuda que me deu Pedro Bolle, porque nem de colocar os vários esboços numa mesma pasta na tela do computador era capaz. A mão de um faz o que a do outro não sabe.

Este livro nasceu falado. A primeira parte, que intitulei "Num Certo Tempo", compõe-se de duas palestras proferidas em novembro de

1997 num centro de estudos junguianos chamado Filemon, fundado pelos amigos e colegas Amnéris Maroni, Fátima Rodrigues, Jasmim Rodrigues, Caio Kugelmas e Dornelis Benato. Sou grato a todos eles, especialmente a este último, que se deu ao trabalho de transcrever as fitas naquela ocasião e compor uma apostila de circulação restrita. O meu exemplar, guardei-o e nunca o folheei, a não ser agora, quando revi minhas falas e fiz algumas adaptações.

A segunda parte, "Dez Anos Depois", resultou da gravação de várias horas de depoimento a Adélia e Enrico Lippolis, primeiro na casa dela em dezembro de 2007 e posteriormente no meu sítio em Araras, no interior de São Paulo, em fevereiro de 2008.

O leitor perceberá que retomo, na segunda parte, temas e ideias já expostos na primeira, dez anos antes. Mesmo correndo o risco de repetir-me, quis deixar registradas as mudanças de enfoque, quiçá um certo aprofundamento, novas nuances, porque isso tudo foi obra do Tempo.

Na terceira parte, a que dei o título de "Percurso", conto como foi minha jornada intelectual até chegar a Jung. Ela termina com um texto curto, que escrevi como epílogo para uma coletânea publicada em Londres pela editora Karnac Books, organizada pela amiga e colega Ann Casement, sob o título de "Who Owns Jung?" (Quem é dono de Jung?). Minha resposta é: ninguém.

Num Certo Tempo

Página 26: Jung tinha duas mesas de trabalho, nas quais escreveu sua vasta obra e milhares de cartas. Esta, fotografada em 1960 por Tim Gidal, localizava-se em sua ampla biblioteca, onde, no outro extremo da sala, sentava-se com seus pacientes ao lado da janela com vista para o lago de Zurique. Nota-se o retrato de sua esposa, Emma, com quem esteve casado por mais de cinquenta anos, e logo abaixo, uma foto da pedra cúbica cujas faces esculpiu e que se encontra em seu refúgio em Bollingen, na outra extremidade do lago. Em *C. G. Jung Word and Image,* Aniela Jafé (ed.), Princeton University Press, 1979, p. 5.

Página 27: A segunda mesa de Jung, numa sala pequena ao lado da biblioteca, pouco iluminada, intimista e reservada, na qual passava horas em introspecção, escrevendo e cuidadosamente ilustrando o só recentemente publicado Livro Vermelho, e trabalhando nos textos que requeriam maior concentração. Foto de Roberto Gambini, 2002.

Relembrando Jung

Tornar-se Analista

Um grupo de pessoas me convida para falar sobre terapia. Seguirei de improviso um fio que vai se armando à medida que prossigo e que emana do nosso contato consciente e inconsciente neste momento.

Vou começar contando um pouco a minha trajetória. Ninguém escolhe racionalmente ser analista junguiano – é a minha impressão e o que tenho observado. Não levo muito a sério quando alguém muito jovem diz que quer fazer a faculdade e se tornar um analista junguiano depois de formado. Não combina ser terapeuta junguiano com juventude demasiada e não me parece ser um tipo de profissão na qual se possa entrar de maneira suave como em outras, porque acredito que o trabalho terapêutico, na linha junguiana, acaba sendo a exteriorização de um processo interno que, em geral, não é linear, nem leve, nem agradável – o que talvez já seja uma marca do começo do exercício dessa profissão, se formos ver como as pessoas chegam a ela. Talvez isso tenha a ver com a própria proposta da Psicologia Analítica e talvez não; o que sei é que, no meu caso, o caminho não foi linear. O mesmo se deu com vários de meus colegas e amigos, o que já é um tema interessante para se pensar. Pratico a terapia junguiana, conforme a aprendi no Instituto C. G. Jung de Zurique, há dezenove anos (estamos em 1997). A primeira pessoa que atendi, sentados ambos numa sala com duas poltronas iguais, conforme recomendava Jung, foi exatamente em outubro de 1978.

Para mim foi muito importante descobrir quando e como comecei a fazer o trabalho terapêutico sem sabê-lo, pois na verdade comecei como "prototerapeuta". Vou contar como foi. O momento de escolha da universidade que se vai cursar é arquetípico: a encruzilhada da opção. No meu caso, não escolhi uma, mas duas, porque não me sentia livre para escolher uma só, que era a que eu queria; meu pai insistia que eu satisfizesse também o seu desejo. Ele, que me observava desde pequeno, com razão ou sem, dizia assim: "Este menino tem jeito para falar em público, vai ser advogado". Era uma das alternativas ideais em que naquela época pensava um pai numa família de classe média (Medicina, Engenharia ou Direito), e ele agiu como outros certamente fariam e fizeram e começou a me influenciar nesse sentido desde muito cedo. O desejo de meu pai tornou-se mais palatável para mim quando lhe acrescentei um desejo meu, que seria ingressar no Itamaraty após bacharelar-me em Direito, e ingressar na carreira diplomática, já que eu gostava tanto de línguas e culturas estrangeiras e ansiava por poder viver longe da casa paterna. Parte de minha decisão foi portanto acatar sua preferência, complementando-a com um prosseguimento escolhido por inclinação pessoal.

No decorrer do terceiro ano colegial, recebi a forte influência de uma professora de Filosofia, Nilce Cervone, que, entre outras coisas, descortinou para os alunos a existência do Cinema Novo, da *Nouvelle Vague* de Goddard, os filmes de Bergman, Antonioni e Kurozawa, entre outros – estamos falando de 1962, em São Paulo, que então abrigava a Sociedade de Amigos da Cinemateca. Ela nos despertou o interesse para estudos etnográficos, literatura, filosofia, e informou que na rua Maria Antônia[1]

1. Onde então se localizava a Faculdade de Filosofia, Ciências e Letras da USP, até 1968.

havia um curso maravilhoso chamado Ciências Sociais, onde se poderia estudar todas essas matérias. Essa foi então minha escolha, um curso que iria me dar meios de entender a realidade social, decifrar o ser humano e atuar no mundo. Achei estimulante a ideia, fiz os dois vestibulares, para Direito na Pontifícia Universidade Católica de São Paulo e para Ciências Sociais na Faculdade de Filosofia, Ciências e Letras (FFCL) da Universidade de São Paulo, entrei nas duas faculdades e as frequentei uma pela manhã e outra à tarde. A Faculdade de Direito logo me decepcionou; apesar de tê-la cursado até o fim, fazendo no quinto ano todos os exames em segunda chamada por excesso de faltas, acabei me formando advogado, o que deixou meu pai orgulhoso, mas o diploma e a carteira da Ordem dos Advogados não me serviram rigorosamente para nada. O curso de Ciências Sociais me encantou, porque me estimulou a enfrentar uma série de leituras de ótima qualidade, que até hoje me são preciosas[2].

Achei que então estava tudo resolvido. Não haveria mais Itamaraty, porque no meu segundo ano universitário, em 1964, ocorreu o golpe militar. Era ideologicamente impossível imaginar-me diplomata de uma ditadura. Abandonei então o projeto da diplomacia atrelada ao sonho de viver fora do Brasil e acabei me contentando com a ideia de tornar-me um intelectual algo à esquerda, que era o que os bons intelectuais, salvo algumas raras exceções, eram. Um intelectual um tanto de esquerda era alguém preocupado com a realidade social brasileira, que fazia pesquisas e ensinava, e achei que isso estava bom para mim. Então me preparei para exercer essas atividades, o que acabou me levando, em 1968, para a Universidade de Chicago, onde fui fazer pós-graduação em Ciências Sociais, para estudar mais, para aprender mais, para ter experiências: completei o mestrado e qualifiquei-me para um PhD em Ciência Política, que depois abandonei. Meu tema era a Utopia.

Em 1971, ainda em Chicago, recebi um convite da Universidade Estadual de Campinas, cujo reitor, Zeferino Vaz, favorecia a contratação

2. Deixo para o final deste livro, no capítulo intitulado "Jornada até Jung", a reconstrução do fio de meada que alinhavou meus anos de formação intelectual.

de pessoas da minha geração que voltavam do exterior com seus títulos e qualificações. No ano seguinte estabeleci-me naquela cidade, assumi meu posto de professor de Ciência Política, comecei a trabalhar e ponderei com meus botões que a partir de então a profissão era essa, muita aula, muito estudo, muita pesquisa, reuniões sem fim e debates acalorados. Tinha gente muito boa lá e comecei a dar aulas com empenho e dedicação, embora com um pequeno mal-estar, porque eu não me interessava exatamente por política, que no entanto era a minha atribuição. Quando se reuniam os intelectuais de esquerda para discutir os rumos da política brasileira sob intervenção militar, eu participava sem na verdade estar presente. O que me interessava eram outras leituras e outras coisas, fato que me causava um incômodo estranhamento: "Se sou dessa turma, por que não gosto de fazer o que eles fazem?" Eu não assinava nem o *Estado* nem a *Folha de S. Paulo*; não gostava de ler esses jornais regularmente porque não era aquele o tipo de leitura e de informação que alimentava ânsias e devaneios que eu nem mesmo sabia quais fossem.

O que me entusiasmava de fato já era outra coisa e eu não sabia direito o que era, nem que nome tinha. O mal-estar crescia. Por exemplo, um dia anunciava-se que a eminente economista Maria da Conceição Tavares ia dar um seminário e todos se excitavam. Seus alunos, muitos dos quais posteriormente assumiram importantes funções no governo, discutiam ardorosamente a política econômica, mas eu me retraía e não me ocorria praticamente nada a dizer.

Eu tinha 28 anos e estava lendo *O Profeta*[3], de Gibran Khalil Gibran, enquanto meus colegas faziam seminários sobre *O Capital*. Logo em seguida, mergulhei na autobiografia de Jung, *Memórias, Sonhos, Reflexões*, já tendo anteriormente lido vários escritos de Freud. Eu gostava era de literatura, teatro, música, artes plásticas, tornando-se por conseguinte

3. Releio o seguinte trecho, na p. 27, grifado nessa época: "*O trabalho é o amor feito visível. E se não podeis trabalhar com amor, mas somente com desgosto, melhor seria que abandonásseis vosso trabalho e vos sentásseis à porta do templo a solicitar esmolas daqueles que trabalham com alegria*".

cada vez mais aversivos os textos de Ciência Política que devia ler para preparar aulas que me deixavam cada vez mais tenso.

Como bem notara meu pai, eu de fato tinha uma certa facilidade para me expressar. Minhas aulas atraíam, além dos cerca de quarenta alunos inscritos, outros tantos matriculados em outras Faculdades. Eu me empolgava e improvisava; não expunha textos do programa. Já que cabia na matéria falar do Brasil, começava a soltar a língua e analisar a ditadura do ponto de vista cultural e existencial, o que atraía ouvintes interessados em ouvir alguém que expressasse opiniões perigosas, porque se vivia uma época em que a juventude estava completamente despolitizada e muito desorientada. Fui então introduzindo os autores de que mais gostava, de Maquiavel a Hobbes, de Rousseau a Max Weber e Marx, mas já associando-os a outros que nada tinham a ver com o programa de leituras, como Castañeda, Krishnamurti, Yogananda e Jung – imagine-se, num curso de Política! – o que mais e mais excitava os alunos. O curso foi andando, foi evoluindo e eu evidentemente não sabia muito bem aonde ia chegar. O ponto de chegada, e não demorou muito, foi que de repente travei e não consegui continuar com essas aulas cujo rumo me escapava do controle. Não foi nada fácil esse processo, mas o que interessa aqui é que o nó a que cheguei foi o que acabou me levando para a análise. E foi em seus meandros que finalmente se configurou com absoluta clareza que minha vocação não era ser cientista político, mas terapeuta.

Prototerapeuta

Meu protoconsultório foi minha sala de professor na Unicamp. Ao lado de outros deveres, todo professor devia reservar alguns horários semanais para receber alunos e dirimir suas dúvidas. Eles chegavam, eu os recebia e eles diziam mais ou menos assim: "Você deu essa bibliografia aí para o trabalho de fim de semestre mas não achei o texto na biblioteca, então como é que eu faço?" Eu sabia de imediato que era um pretexto para o aluno poder dizer outras coisas e aceitava o jogo. Entrávamos, eu fechava a porta, ambos nos sentávamos e eu perguntava: "Como é mesmo o problema com o livro?" e ele: "Pois é, não achei o texto". Eu prosseguia: "E como é que você está? Você está bem?" Ele começava a se abrir: "Não estou muito bem não. Tive uma briga desgraçada com meu pai, fugi de casa e não voltei mais". Eu dava corda: "Há quanto tempo você está fora de casa?" Ele: "Um mês". "E você está morando onde?" – "Estou na casa de um colega". Um professor não pode dispensar um aluno que esteja passando por uma situação dessas e simplesmente cobrar a leitura dos textos recomendados. Eu, pelo menos, sentia que era meu dever não só ensinar, mas cuidar da pessoa do aluno. "Tchau então. Posso voltar a conversar com você outra vez?" "Pode, na semana que vem, no mesmo horário."

Daí a pouco bate na porta uma aluna: "O livro tal, eu não achei na biblioteca". – "Mas como vai você?" – "Estou grávida." – "A tua família sabe que você está grávida?" – "Não, eu não sei o que fazer, estou desesperada, o que você acha que é melhor fazer?" Então abordei a questão se pretendia abortar ou não. O terceiro do dia entrava e dizia: "Estou muito mal porque estou fumando maconha direto há três semanas e tive uma *bad*, estou pirando e não entendo mais nada". Indaguei: "Espere um pouco, como é esse negócio de estar ficando louco? O que foi que aconteceu? Como está a sua cabeça? No que você tem pensado? Você está entendendo as coisas?" – "Não, não estou." – "Então vamos conversar...". Assim estava a maioria dos alunos. Eu achava que tinha que ouvir e me entregava totalmente a esses momentos, usando todos os recursos de que dispunha para lidar com essas situações – o que criou vínculos fortes entre mim e esses alunos, tanto que alguns perduram até hoje. Estive em Campinas há um mês e houve gente dessa turma que foi me encontrar, porque se lembrava desses tempos. Ouvir marca. Ser ouvido, ainda mais.

Importante, no decorrer da análise que comecei a fazer logo em seguida, foi perceber que comecei a exercer um ofício (a "prototerapia") por intuição. Ao fazê-lo, de algum modo, eu estava deixando aflorar uma vocação que não tinha dado sinais de vida quando racionalmente fiz minhas escolhas universitárias. Nunca me havia passado pela cabeça estudar psicologia ou fazer análise. Não, isso não estava no meu universo de cogitações. Na minha consciência não havia um projeto de que eu iria me tornar terapeuta, mas acabei me tornando apesar do que não sabia. E também não apareceu ninguém para me dizer: "Mas que interessante isso que está acontecendo com você". Em geral, as coisas mais importantes da vida ocorrem sem que você possa trocar ideias com ninguém e você acaba elaborando – ou abortando – do jeito que consegue.

Hoje, olhando para trás, vejo claramente que era mesmo uma vocação tentando achar uma brecha para vir para fora e adquirir contorno, e que a depressão que me abalava nesses tempos era o avesso do nome e da forma. Foi uma dolorosa crise pessoal que ocasionou a virada. A partir do instante em que o inconsciente ejetou a figura do terapeuta e tomou corpo meu desejo de a qualquer custo ir buscar uma formação adequada, já não pude mais conceber a mim mesmo de outra forma, senão como aquela que se anunciara em minha exígua sala de professor ouvindo as dores de alma de meus alunos. Hoje sou profundamente casado com minha profissão, que não pode ser outra.

Com o tempo, surgiu uma organização na minha consciência e um direcionamento de minha libido: minha maneira de viver é praticar o diálogo terapêutico. Quando se ouve outras pessoas falarem de suas profissões, às vezes se encontra algo análogo. Tenho uma amiga, a pianista Clara Sverner, que diz ficar doente se não tocar de seis a oito horas por dia o seu instrumento. Trata-se de uma necessidade absolutamente imperiosa. Nós também trabalhamos isso todos os dias. Até mais. Uma vez em Zurique, num seminário, foi mencionado o exemplo do bailarino russo Mikhail Baryshnikov que, para poder dançar como devia, tinha que treinar diariamente a musculatura do corpo durante um número análogo de horas. O analista, pela mesma razão, tem que treinar o uso de suas ferramentas. Usar bem a ferramenta é fazer uma interpretação com precisão na hora certa, detectar a voz da *anima* imiscuindo-se na fala exaltada de um homem, perceber um complexo se manifestando inesperadamente, discernir a formação de um símbolo. Se você não treinar o uso dessas ferramentas, não adianta apenas possuir a teoria no intelecto. O ofício tem que ser tão treinado quanto as mãos da pianista ou o corpo do bailarino.

A psicoterapia, da maneira como nós a conhecemos, é uma atividade interseccional, com um fundamento na ciência e outro na arte. Esse cruzamento gera um exercício único. De modo que ela requer tanto o preparo científico, como o treino constante do desempenho criativo do ofício. E a formação deve levar em conta esses dois lados de maneira equilibrada, inclusive deve transmitir esse conceito de dupla ancoragem, porque não se forma um terapeuta com uma perna só.

Quis dizer isso a vocês para contar como é que cheguei ao meu grande compromisso de vida. Conheci Freud antes de conhecer Jung e interessei-me muitíssimo pelas leituras de sua obra. Como na época dessas leituras solitárias eu não fazia psicanálise, levei Freud muito para o campo racional e o contato com sua obra provocou em mim uma postura detetivesca. Eu ficava o tempo todo concentrando-me em flagrar lapsos de linguagem ou indícios do inconsciente em mim e nos meus colegas da Universidade de Chicago. Quando li as histórias de casos, achava que também era um caso e que nesse sentido devia estar constantemente a me autoanalisar. Passei um bom período ruminando o passado, à cata de eventos esquecidos que eu pudesse entender à luz da Psicologia Freudiana, da maneira como eu a compreendia em meio a meus estudos sobre sistemas políticos comparados.

Ensaios de Terapia

Nesse período, durante invernos cinzentos e gélidos que não acabavam mais, resolvi fazer terapia. Foi o meu batismo, em 1968. Eu não tinha dinheiro para fazer psicanálise, pois vivia de bolsas de estudo e não tinha visto de trabalho. A unidade de assistência aos alunos da Universidade de Chicago me ofereceu uma coisa chamada terapia rogeriana, porque Carl Rogers trabalhava e ensinava na instituição, tendo fundado um centro onde seus alunos treinavam com estudantes a preços simbólicos.

Era o que se apresentava e me submeti à triagem[4]. Comecei a terapia e desde o início me sentia muito esquisito, porque era uma terapia sem diálogo. Por mais estranho que fosse era o que eu podia ter e fiquei mais de um ano desperdiçando-me numa fala com as paredes, sem resultado algum, enquanto a depressão me fustigava como um vento gelado.

Nos Estados Unidos dos anos 1960 estava em voga a terapia de grupo e foi para uma dessas que me dirigi em seguida. Eu sentia que aquele tipo de terapia não chegava aonde tinha que chegar, não chegava perto de mim e eu não recebia o que precisava – tanto assim que dessa experiência não guardo nenhuma marca, apenas uma crônica engraçada, se não tivesse doído.

Foi por essas alturas que, tendo produzido uma tese de mestrado, que aliás até hoje considero benfeita[5], voltei para o Brasil e passei a trabalhar na Universidade Estadual de Campinas. Nesta época, nos anos 1970, o psicodrama estava muito em voga, então lá fui procurar alguns psicodramatistas daqui de São Paulo pedindo para ser aceito num grupo. Participei durante um ano e meio talvez; era um pouco melhor do que a terapia de grupo, mas também não me tocou, porque eu tinha necessidade de aprofundar certas questões e não dava tempo porque era muita gente querendo ter sua vez. Você fala um pouquinho e daí é chamado para subir no tablado e encenar o que vinha sendo dito, interrompido a qualquer altura da própria fala, pego de surpresa, a critério do diretor. Eu gostava de tentar criar uma imagem ou uma cena que representasse o conflito interior que vinha descrevendo, mas não gostava do que o diretor fazia com o material, parecia que ele se empenhava para resolver um problema, mas eu não sentia que o problema ficasse resolvido. Então ele dizia: "Veja o que você faz com sua família, você faz isso, faz aquilo", mas para mim não bastavam esses tipos de comentários que não me atravessavam a pele nem tocavam a alma atônita.

4. Descrevo uma dessas sessões no capítulo "Jornada até Jung".
5. *O Duplo Jogo de Getúlio Vargas – Influência Alemã e Americana durante o Estado Novo*, São Paulo, Símbolo, 1987.

Jung

Só fui sossegar quando fui parar na análise junguiana, que começou em fins de 1973. Havia muito poucos analistas junguianos naquela época em São Paulo, dava para contar nos dedos de uma mão. Procurei um deles. Na experiência com esse analista senti que podia finalmente me soltar e já não precisava procurar mais nada. E a seu pedido tive que fazer um pacto comigo mesmo, que era o de apenas fazer análise e não ler Jung. Para mim foi complicado porque eu queria muito ler e também poder refletir, mas ele me disse: "O seu intelecto é um perigo, você tem que sacrificá-lo". Ele estava equivocado. Hoje sei que ele estava errado, mas obedeci e entrei na aventura sem poder me apoiar no pensamento e no intelecto. De novo com meus botões: "Bom, se tem que ser assim, então que assim seja". Entrei na experiência e entreguei-me à análise junguiana, tendo porém que abdicar da possibilidade de, ao mesmo tempo, pensar apoiado em Jung a respeito do que estava vivendo. Essa análise durou quatro anos e rendeu muitos, muitos frutos. Na sequência fui para a Suíça, e aí o pensamento estava liberado. Ganhei um presente muito bonito de minha mulher, Fátima, no meu aniversário: os dezoito volumes dos *Collected Works* de Jung. Grande intuitiva que era, ela entendeu que minha mente estava com fome, pois durante a análise no Brasil essa dimensão havia ficado presa. Do jeito que sou, eu tinha que estudar Jung como tantos outros autores que para mim haviam despertado muito menos interesse do que ele. Ela gastou o que tinha e o que não tinha e de repente chegam pelo correio algumas caixas pesadas que ocuparam o centro de nossa sala. Senti uma gratidão e um prazer enormes: agora eu ia começar uma nova análise em inglês com alguém que fora analisado pelo próprio Jung, ia ler e estudar, que é o meu jeito de funcionar. Jamais digo para um paciente meu não ler. Confio nos livros e os prezo muito.

Instituto C. G. Jung

Foi portanto quando comecei a viver com a Fátima em Zurique, a estudar Jung, a fazer análise, que se deu meu grande encontro com a Psicologia Junguiana. O Instituto Jung era uma organização muito particular, com qualidades e defeitos que assumia sem o menor pudor. O primeiro problema do Instituto Jung é que o próprio Jung era contra a fundação desse Instituto, mas seus discípulos, no fim dos anos 1940, pensaram – em parte com razão, porque a fama, a obra e a importância de Jung cresciam muito –, que era importante ter um lugar, enquanto ele ainda vivesse, onde se começasse a transmitir suas ideias com sua participação. Ele foi voto vencido, mas C. A. Meier, discípulo proeminente nos meios acadêmicos, aliado a Jolande Jacoby, Aniela Jaffé, analistas ingleses e americanos, acabou convencendo-o de que era melhor fundar um Instituto do que deixar crescer o movimento de seus seguidores sem nenhum controle ou direcionamento, evitando-se assim um desvirtuamento de suas ideias. No fim ele acabou concordando, o Instituto foi fundado em 1948 ou 1949. Há uma impactante fala inaugural de Jung para a primeira turma de alunos do Instituto, publicada no livro *C. G. Jung: Entrevistas e Encontros*, na qual ele recomenda aos alunos que procurem estabelecer um contato interior com um velho de um milhão de anos que existe dentro de cada um. Parece que ele preferia esse mestre...

Psicologia Junguiana: Observação × Sistematização

Mal começou a Psicologia Junguiana a ser ensinada e já havia um certo mal-estar, porque o próprio Jung, numa carta de 1954[6], diz que não quer seguidores junguianos, não quer formar um movimento junguiano, não quer que ninguém seja junguiano. O que ele diz é mais ou menos o seguinte, segundo me recordo: "Observei a psique durante toda a minha vida, observei alguns fatos que acredito serem fatos empíricos, porque se alguma outra pessoa for observar, vai observar algo parecido, e dei um nome a esses fatos; mas não fiz uma construção teórica, não tenho um edifício teórico, portanto, não tenho uma teo-

6. Voltarei a essa carta mais adiante, quando constarão as referências.

ria a transmitir e não quero que uma teoria seja erigida, porque uma teoria pode impedir a observação". Essa é a posição de Jung, muito corajosa e muito boa, mas por outro lado complicada, quando se pensa na transmissão de seu conhecimento. A Psicologia Junguiana tem uma marca de origem, que é o paradoxo de ser uma psicologia difícil de ser transmitida. Se você sistematiza demais a Psicologia Junguiana, trai o espírito do Jung; mas se não a sistematiza, você não a difunde. É a marca de origem. Não há como se fugir disso. Vejam, o que está acontecendo hoje pelo mundo afora é que a Psicologia Junguiana está perdendo as suas características de origem, está se deformando. Grandes traços, grandes qualidades que ela teve estão desaparecendo. Há debates muito sérios, que vou tentar aqui ventilar com vocês. Vejo perigos, mas também há saídas por outros lados. Alguns analistas que foram colaboradores diretos de Jung chegam a dizer que a Psicologia Junguiana não se transmite através dos institutos, não se transmite através das universidades, onde nem é muito bem aceita ou compreendida, mas através do contato pessoal entre analista e analisando, porque só assim certas coisas podem ser sentidas e isso tem que ser complementado com um estudo muito sério, que pode ocorrer dentro de um instituto ou não.

Deve portanto haver uma experiência e um estudo, mas não necessariamente através de uma instituição. Outros dizem assim: "Não, isso é uma coisa elitista, medieval, é a velha relação entre mestre e discípulo, isso acabou no mundo moderno, não pode ser, a Psicologia Junguiana tem que estar nas Universidades, tem que ter textos didáticos, tudo tem que ser publicado". Na verdade, as duas coisas estão acontecendo. Não sou absolutamente contrário à difusão das ideias de Jung, porque senão parece que a gente está tratando de mistérios órficos, o que evidentemente não é o caso. É importante haver difusão, porém aspectos e conhecimentos há, que devem ser apresentados com o tanto de rigor e precisão necessários para que não sejam interpretados como misticismo – que foi aliás a maldição lançada por Freud sobre Jung –, como por exemplo os fenômenos de sincronicidade[7], o espectro psicoide da psique[8]; ou a alegada incapacidade de se lidar com a transferência na terapia junguiana.

Em seu livro de memórias, que em parte escreveu de próprio punho e em parte ditou a sua então secretária Aniela Jaffé em seus últimos anos de vida, há uma passagem que sintetiza a discordância básica da ruptura que viria a separar os dois grandes pesquisadores da psique. Vale a pena ler o parágrafo todo:

> Tenho ainda uma viva lembrança de Freud me dizendo: "Meu caro Jung, prometa-me nunca abandonar a teoria sexual. É o que importa, essencialmente! Olhe, devemos fazer dela um dogma, um baluarte inabalável". Ele me dizia isso cheio de ardor, como um pai que diz ao filho: "Prometa-me uma coisa, meu caro filho: vá todos os domingos à igreja!" Um tanto espantado, perguntei-lhe: "Um baluarte – contra o quê?" Ele respondeu-me: "Contra a onda de lodo negro do..." Aqui ele hesitou um momento e então acrescentou: "...do ocultismo!" O que me alarmou em primeiro lugar foi o "baluarte" e o "dogma": um dogma, isto é, uma profissão de fé indiscutível surge apenas quando se pretende esmagar uma dúvida, de uma vez por todas. Não se trata mais de um julgamento científico, mas revela somente uma vontade de poder pessoal.
>
> Esse choque feriu o cerne de nossa amizade. Eu sabia que jamais poderia concordar com essa posição. Freud parecia entender por "ocultismo", aproximadamente, tudo o que a filosofia e a religião – assim como a psicologia nascente – diziam da alma. Mas para mim a teoria sexual era tão "oculta" – isto é, não demonstrada, ainda mera hipótese como tantas outras concepções especulativas. Eu considerava uma verdade científica como uma hipótese, momentaneamente satisfatória, mas não um artigo de fé eternamente válido[9].

Jung lamentava que Freud temesse esse "lodo", do qual ele próprio havia sido o pioneiro em extrair conteúdos profundos. Jung de fato

7. "Correlação entre estados interiores e eventos exteriores e, portanto, um paralelismo temporal, espacial e de significado entre condição psicológica e evento físico" (*apud Dicionário Junguiano*, dirigido por Paolo F. Pieri, São Paulo, Vozes, 2002, p. 467).
8. "Semelhante à psique, ou quase psíquico. Diz Jung: 'Parece-me provável que a verdadeira natureza do arquétipo não possa ser levada à consciência, isto é, seja transcendente, motivo pelo qual eu a defino psicoide'" (*op. cit.*, p. 401).
9. *Memórias, Sonhos, Reflexões*, Rio de Janeiro, Nova Fronteira, 2005, p. 136.

mergulhou nele, não para tornar-se ocultista, mas para lançar luz sobre fenômenos que poderiam tornar-se óbvios, como de fato se tornaram. O discípulo foi mais longe do que o mestre.

Jung e Freud

Então vejo, nesse fim dos anos 1990, os seguintes problemas: há descobertas fundamentais feitas pela Psicologia Junguiana, que muito diferem daquelas feitas pela Psicologia Freudiana – ainda bem! – porque não haveria sentido algum em se repetir aquilo que Freud muito bem descobriu e formulou. Jung afirmou claramente que não se via obrigado a refrasear certas coisas que Freud deixou muito bem ditas. Então basta entender Freud, não é preciso repetir o que ele disse.

O que Jung se propunha era dizer o que Freud não disse, porque ele parte de outros pressupostos, outros pontos de vista. Suas proposições psicológicas foram vividas por ele e por outras pessoas, em seguida elaboradas teoricamente, discutidas, e é exatamente esse tipo de coisa que corre o risco de se perder no momento presente. O risco de perda de um certo espírito decorre do rumo que a Análise Junguiana vem tomando, da maneira como vem sendo praticada, do modo como a pesquisa vem sendo definida, das escolhas sobre os aspectos que se privilegiam ou não. Se for escolhido um caminho em vez de outro, talvez algumas ideias que vieram à tona graças ao trabalho de Jung – e sabemos que essas ideias ficaram reprimidas na cultura ocidental durante séculos – possam voltar a ser reprimidas. Por quê? Porque a consciência coletiva pode não ser capaz de retê-las. Uma percepção a respeito da psique veio à tona, emergiu, recebeu uma formulação e pode ser perdida de novo. Para mim, essa é uma das questões mais sérias quando se debate o estado atual da Psicologia Junguiana.

Um dos problemas em torno dessa questão é o famoso complexo de inferioridade dos junguianos perante os freudianos. Os nossos colegas freudianos contam com uma literatura ampla, sólida, profunda, legitimada por instituições, grupos que atingiram o poder, estabeleceram um diálogo com outras Ciências. Portanto a Psicanálise conquistou um lugar no debate acadêmico, por exemplo, com a Filosofia, com o Marxismo, com a Antropologia Estrutural, com a Semiótica, com a Linguística, com algumas linhas das Ciências Humanas, com a Psiquiatria e com a Literatura, a poesia, o teatro, o cinema e as artes plásticas. Uma ciência transdisciplinar recente, como a Psicopedagogia, já elege a Psicanálise como interlocutor privilegiado. Os pedagogos, por exemplo, tomam Piaget e vão debater com Freud. Lá está a Psicanálise como participante estabelecida de um certo debate intelectual do nosso século. A Psicologia Junguiana não está nesse lugar do debate, em parte porque escolheu, como já mencionei, devido à sua marca de origem, ficar um pouco fora deste meio; mas contraditoriamente, disso extraiu um certo grau – na verdade, um complexo – de inferioridade por não ser convidada para esse banquete. Se de um lado recusou o debate, depois ficou envergonhada ou inferiorizada por não estar lá. É uma situação deveras embaraçosa[10].

Surgiu então uma certa tendência, entre os junguianos, de se fortalecerem através da adoção de procedimentos freudianos, como se isso os legitimasse num terreno de insegurança. O analista junguiano que aprende o uso da técnica psicanalítica, com seu típico manejo da transferência e da resistência, que faz interpretações nesse campo da maneira como é concebida pela Psicanálise, que pensa o momento analítico como repetição do vivido, que concebe o material reprimido como sendo aquilo que uma vez esteve na consciência, que entende os sonhos como exclusiva manifestação de desejos infantis, esse analista junguiano está na verdade pensando e operando como um psicanalista. Alguns usam divã. De um lado se diz que esse sincretismo é positivamente uma aproximação de linhas até então divergentes. Digo que não. A Psicanálise até hoje não lucrou rigorosamente nada com a aproximação que lhe fez a Psicologia Analítica, talvez tenha antes se comprazido com o reconhecimento tardio dos descendentes do principal desertor do círculo vienense original. O resultado dessa tendência é a crescente

10. Ver "Quem é Dono do Ar?", ao final deste livro., p. 211.

descaracterização da Análise Junguiana, à medida que seus praticantes vão procurar na Psicanálise elementos que *supostamente* lhes faltem. Grifo a palavra *supostamente.*

Psicologia Analítica: Sua Marca

A meu ver, o desafio da Psicologia Analítica é honrar sua marca de origem. Ninguém foge da história de sua concepção, porque é isso que nos constitui. A Psicologia Analítica foi forjada da maneira como foi, como um modo de pensar contra a corrente, e sempre foi assim. A força da Psicologia Analítica não é ter cinquenta mil adeptos, sua força é sua profundidade. Ela não se fortalece porque chega ao poder, mas porque chega perto de um tipo contemporâneo de gnose, caminho difícil e exigente porque requer a capacidade de compreender fenômenos definidos por Jung como psique objetiva ou polo psicoide, inconsciente coletivo, intersecção entre o plano material e o não material, condicionamento da consciência pelas categorias do espaço e do tempo, pela regência mítica e pela influência dos arquétipos. Nós sabemos que Jung abordou certos aspectos ou desenvolveu certas ideias que hoje estão sendo corroboradas pela vanguarda da Física Quântica, da Biologia Evolutiva, da Astrofísica, da Neurociência, da Ciência da Religião, da Genética, da Antropologia; ou seja, Jung era um pensador intuitivo que vislumbrava remotos horizontes. Ele foi capaz de entrever certas realidades e tentou relatá-las servindo-se da linguagem mais científica que conseguiu. Jung tentou expressar suas intuições em termos racionais para que pudesse ser entendido por outros, mas só depois de muita resistência intelectual e ideológica é que começam a surgir corroborações e convergências. Como, por exemplo, a ideia de que é impossível observar a psique fora da psique. Isso quer dizer que é impossível ser totalmente objetivo quando se fala da psique, porque se trata da psique olhando para si mesma. Não há portanto conhecimento objetivo da psique. O conhecedor, inapelavelmente, interfere no ato de conhecimento. Então ele tem de levar em conta o dado subjetivo. Não faz mais o menor sentido manter a crença de que é possível estabelecer leis psíquicas, como se fossem leis naturais, porque toda afirmação psíquica está permeada de subjetividade. A Física Submolecular comprovou que o próprio microscópio, que torna possível a observação, interfere no objeto a ser investigado. Portanto, o único jeito de se fazer psicologia é sabendo que se observa o nível da realidade no qual a própria pessoa do investigador interfere.

Psicologia Analítica e Empiria

O que Jung fundamentalmente pleiteava é o estatuto empírico de suas descobertas. Ele dizia assim, com minhas palavras: "Se chamo algo de sombra, estou dando um nome e não importa o nome que se escolha dar; estou observando e observo repetidamente que as pessoas têm um lado que não está incluído na sua autodefinição; se lhes for perguntado se esse lado existe, dirão que não, mas observando-se seus sonhos e seu comportamento fica patente a existência dessa dimensão não reconhecida pelo sujeito". O mesmo se dá com os termos *animus* e *anima*. Jung dizia ter escolhido essas duas palavras para nomear um fator psíquico existente e operante na psicologia respectivamente da mulher e do homem; descreveu o que observou e depois procurou paralelos na mitologia e na literatura. Os nomes, para ele, eram apenas nomes, e não a coisa.

Percebe-se que a base da Psicologia Junguiana é uma descrição de fenômenos empíricos e não é à toa que o trabalho de Jung começou num laboratório do Hospital Psiquiátrico Burghölzli, nos arredores de Zurique. O experimento de associação, que foi a área em que Jung começou a trabalhar, é na verdade muito simples, e depende apenas de observação atenta e metódica. Jung pretendeu construir uma visão do ser humano em cima de fatos observáveis e, como dizia antes, sua intuição o levou a perceber certos fenômenos ou certos fatos que ele sabia não estarem incluídos na visão racional do século XX. Jung era um homem muito informado, sabia o que a Psicologia Experimental estava fazendo, sabia o que a Psicanálise pensava e sabia o que a Filosofia dizia. Ele tinha um panorama muito bom das ciências em geral.

Portanto tinha a percepção de que, ao descrever aquilo que denominou sincronicidade, estava comunicando a existência de um fenômeno que nenhuma dessas outras disciplinas estava em condições de observar. E seu estilo de validação costumava ser o de lembrar que o mesmo fenômeno, com outro nome talvez, já era do conhecimento dos antigos, ou seja: sempre esteve disponível para a observação.

Ponte entre a Consciência e o Inconsciente

Jung toma, por exemplo, a ideia de que os sonhos não são apenas a realização de desejos, mas podem estar aludindo simbolicamente a algo que ainda vai acontecer. Ora, é arriscado dizer isso, porque sempre houve muito folclore a respeito do caráter oracular dos sonhos. No fim do século XIX, como hoje, seria possível encontrar publicações do tipo *A Profecia dos Sonhos*, porque estes sempre se prestaram a elucubrações supersticiosas. Jung vai além de Freud, porque tem a coragem de mexer em algo muito malvisto. Ao afirmar que certos sonhos podem antecipar fatos futuros Jung lembrará que isso não é novidade nenhuma, basta consultar o Velho Testamento e ler o sonho de Jacó, ou de José no Egito, ou do Faraó, ou os de José no Evangelho, ou o antiquíssimo sonho de Gilgamesh anunciando sua futura liderança sobre seu povo, bem como o de Nabucodonosor anunciando sua queda. Jung legitima suas propostas com o conhecimento antigo, mas dominando muito bem a base empírica e observável do que está afirmando.

O que nos diz Jung a respeito dos sonhos que antecipam o futuro? Para entendermos essa questão temos que partir da concepção de que uma parte nossa não é conhecida, é inconsciente, ou seja, uma parte nossa trafega numa faixa que não está presa às leis do tempo e do espaço. Aquilo que é futuro para a minha consciência não o é para outra parte minha, pois já existe em outra dimensão não sintonizada com a consciência. Isso não tem nada a ver com previsão, mas com uma faixa que não se torna consciente. Então você fica diante do seguinte: ou nega a existência dessa faixa, ou a aceita porque vê indícios empíricos e daí parte para a pesquisa, que foi exatamente o que Jung fez. Tendo coletado material, e refletido, Jung contou histórias, que hoje fazem rir boa parte dos analistas junguianos. E eu quero contar uma ou duas aqui. Ouvi essas risadas, não aqui no Brasil, mas numa reunião da Sociedade Suíça de Psicologia Analítica, da qual sou talvez um dos únicos membros brasileiros. Como não pretendo fazer parte desses que dão risada, coloco-me entre aqueles que enfrentam a árdua tarefa de continuar estudando e pesquisando até poder entender coisas que são muito complicadas e delicadas.

Vou contar uma dessas histórias. Em 1996 caiu um avião da TAM logo após a decolagem, nos arredores do aeroporto de Congonhas, em São Paulo, tendo morrido todos os passageiros. Segundo noticiou a imprensa, uma das vítimas era um homem que tinha duas filhinhas pequenas, uma de meses e outra de dois anos e pouco. Logo cedo, ele despediu-se das filhas e foi para o aeroporto. Quando eram oito horas da manhã, a filha maior acordou, chamou a mãe e perguntou onde estava o pai. A mãe respondeu que ele tinha ido para o Rio de Janeiro e voltaria à noite. A menina disse que não, que o pai não voltaria mais "porque o avião caiu" (no passado). Eram oito horas da manhã; o avião caiu às oito e dezessete minutos. O que aconteceu no caso dessa menininha? Talvez as crianças tenham um canal sensível que lhes permite captar informações de fatos ocorridos em outra dimensão temporal ou espacial. Dezessete minutos antes da morte do pai ela entrou em contato com uma onisciência do inconsciente. Sua psique foi até um ponto onde o que ia acontecer já tinha acontecido.

Para mim, esse fato tem enormes consequências. Eu o tenho mencionado em palestras proferidas para educadores, porque – o que faz a educação? Enche de entulho esse poço artesiano. O que a educação faz é anular essa sensibilidade incompatível com o atual estado de compreensão do real para tornar "normal" uma criança cuja única suposta desadaptação é apenas ser sensível. Acabamos todos perdendo. É sabido que não usamos mais do que dez ou quinze por cento da capacidade do nosso cérebro e temos um tipo de funcionamento psicológico que se contenta apenas com essa fração. O resto não usamos, a não ser em estados alterados de consciência, momentos extraordinários da vida de uma pessoa. A psicologia de Jung leva isso em conta; ele afirmava que, mesmo no decorrer de uma vida normal e corrente, uma pessoa pode ter contato com níveis do ser que não são habituais. E, se o ocorrido nesse momento fugaz da vida em que alguém tece a experiência desse contato com algum nível profundo do ser for registrado, mantido e integrado à consciência, certamente tal fato acarretará consequências críticas sobre a maneira como essa pessoa viverá sua vida.

Uma das grandes lições da Psicologia Junguiana é que é preciso estar sempre atento, como terapeuta, porque a qualquer momento podem surgir indicações de que está havendo um micromomento de gnose. Temos que perceber que há situações em que alguém, por sentir de fato o que é uma sincronicidade, começa a fazer uma ponte entre a consciência e o inconsciente: uma pequena conexão que, talvez, promova todo um novo desenvolvimento, cabendo ao terapeuta apenas dirigir um foco, dar ênfase, acolher e valorizar o fenômeno ocorrido. Naquele momento pode estar nascendo uma união entre o ego e o inconsciente. Para isso tenho não só que estudar o volume VII das Obras de Jung[II], mas especialmente estar atento ao momento em que algo significativo ocorre na vida do paciente, na minha ou entre ambos. A terapia é um trabalho a quatro mãos e em certas configurações o inconsciente do terapeuta e o do paciente entram em sintonia. Passamos do prosaico ao sublime em cinco minutos, e aceito tanto um como o outro, sempre à espreita do momento em que pode dar-se essa abertura da consciência para a percepção do psicoide, para a percepção desse algo que, às vezes, não se consegue formular com precisão por falta de categorias que extrapolem as que a racionalidade vigente aceita.

Portanto, no meu modo de ver, dizer que somos junguianos significa continuar a pesquisar os grandes temas que Jung formulou, o que evidentemente varia conforme as inclinações pessoais. Que cada um

II. *Estudos sobre Psicologia Analítica. Obras Completas de C. G. Jung*, Petrópolis, Vozes, 1981, vol. VII, Parte II, "O Eu e o Inconsciente".

escolha algo correspondente à sua maneira de ser e pensar, à sua formação. Por exemplo, quem estudou medicina tem mais possibilidades de aproximar-se da genética, neurologia, endocrinologia, psiquiatria, psicossomática... Eu não tenho acesso a essas áreas, portanto pesquiso, por exemplo, as conexões entre cultura e alma, entre História e psique.

Jung e a Psiquiatria

A Dra. Nise da Silveira, entre nós, foi pioneira na aplicação das ideias de Jung no tratamento da esquizofrenia[12]. Seu método de trabalho, dando condições aos pacientes internados no Hospital Psiquiátrico D. Pedro II, em Engenho de Dentro, no Rio de Janeiro, de expressarem imagens do inconsciente através da arte não teve até hoje paralelo em nenhum outro país. As mandalas espontaneamente desenhadas ou pintadas por alguns, cuja função estruturadora dos estados de caos interior foi por ela descoberta empiricamente, chegaram em 1954 ao conhecimento de Jung, que nelas encontrou uma comprovação de sua hipótese sobre o inconsciente coletivo. Mas infelizmente esse tipo de pesquisa não se propagou entre nós, justamente essa criação absolutamente brasileira – o que só pode ser explicado por nosso complexo coletivo de não sabermos valorizar o que é nosso[13].

Até mesmo na Suíça, onde floresceu, essa área de investigação está desaparecendo. Em Zurique já existiu uma Clínica Psiquiátrica Junguiana (a de Zürichberg) que foi absolutamente de vanguarda. Foi fundada em 1964, por dois analisandos e discípulos de Jung: C. A. Meier, diretor científico e H. K. Fierz, diretor clínico. Os dois foram colaboradores de Jung na área da Psiquiatria. Eles pesquisaram a hipótese segundo a qual na esquizofrenia deve haver um componente químico, uma toxina que é

12. Ver, entre outros, *Museu de Imagens do Inconsciente*, Rio de Janeiro, Ministério da Educação e Cultura, 1980; *Imagens do Inconsciente*, Rio de Janeiro, Alhambra, 1981 e *Os Inumeráveis Estados do Ser*, Rio de Janeiro, Ministério da Cultura, 1987.
13. Ver meu *Outros 500 – Uma Conversa sobre a Alma Brasileira*, Entrevista a Lucy Dias, São Paulo, SENAC, 1999, cap. 8, "Nossos Complexos".

liberada por uma forte descarga emocional e que altera o funcionamento cerebral. Jung disse isso em 1907, em seu estudo sobre a demência precoce[14] e hoje a hipótese está cientificamente comprovada, embora não se dê o devido crédito a ele por sua descoberta pioneira. Mas o que se pode constatar é que a pesquisa psiquiátrica iniciada por Jung não vem tendo a continuidade que merecia, o que é uma enorme perda.

Jung lançou ideias riquíssimas no campo da psiquiatria, como por exemplo a de que, se o introvertido tiver um surto, provavelmente este será de natureza maníaca; no caso do extrovertido, com muita probabilidade o surto será esquizofrênico. Isso porque Jung pensava no sistema autorregulador da psique. A experiência acumulada de trabalhos com psicóticos na Clínica de Zürichberg é um material riquíssimo, que no entanto não tem tido seguimento. Hoje já não existe mais, em país algum, uma clínica psiquiátrica junguiana que alie tratamento medicamentoso e interpretação do inconsciente.

Jung e os Pensadores

Percebo a esta altura o quanto me faz pensar a questão das muitas áreas abertas por Jung e abandonadas com o passar do tempo e o rumo geral que foi seguindo o "movimento" de seus seguidores. Por exemplo, a relação de Jung com a Filosofia é uma área que foi muito pouco explorada. Na minha formação analítica não foram dadas aulas de Filosofia, porque havia uma certa hesitação, ou despreparo, por parte dos analistas e professores, de fazer essa costura crítica entre Jung e os filósofos que o influenciaram. A ênfase maior foi sempre dada à relação entre o pensamento de Jung e o dos filósofos da Antiguidade, porque ele próprio constantemente alude a alguns deles. A Heráclito, por exemplo, que o inspirou para teorizar sobre a dialética entre polos opostos, a *enantiodromia,* ou seja, a brusca

14. Ver, a respeito, seu artigo "Novas Considerações sobre a Esquizofrenia", publicado em 1957 em *Obras Completas,* vol. III, parágrafo 548: "Considerando-se que até hoje os processos psicológicos que poderiam ser responsabilizados pelo efeito esquizofrênico não foram descobertos, admito a possibilidade da existência de uma causa tóxica".

reversão de posicionamento dos conteúdos de uma polaridade psíquica em direção à oposta. Píndaro seria também uma referência central, pois seu famoso verso, "Torna-te o que tu és", retomado por Nietzsche e provável fonte de Jung, é o fundamento filosófico antigo de todo o conceito de individuação e da relação entre ego e *Self*, sendo este último a verdadeira matriz da individualidade. O dito socrático "Conhece-te a ti mesmo" aparece em Jung com mais peso, e em outra vertente, do que o "Penso, logo existo" de Descartes, encarado aliás por Jung sob a ótica de crítica à racionalidade. O mundo das ideias de Platão é uma das fontes do conceito de arquétipo. Também são constantes e fartas, por parte de Jung, as referências ao Velho e ao Novo Testamento, especialmente o "Sermão da Montanha", onde aliás encontra apoio para sua teoria da projeção, nas alusões de Jesus à trava existente no olho do observador que se julga em condições de detectar o cisco no olho alheio[15]. Jung cita fartamente os primeiros pensadores da Igreja cristã, os filósofos da Idade Média, os alquimistas, Goethe, e os filósofos românticos como Carus, Schiller e Schopenhauer, até chegar a Nietzsche, sobre quem realizou durante anos um seminário focado em sua discutida obra *Assim Falou Zaratustra*[16]. Jung manteve vasta correspondência, ainda em grande parte inédita, em que sustentava discussões teóricas com Ludwig Binswanger, com Heidegger, Bertrand Russell, Paul Tillich, com a maioria dos teólogos de sua época, especialmente o pastor Victor White, assim como se correspondeu com alguns dos cientistas mais proeminentes de seu tempo, como Wolfgang Pauli[17] e Konrad Lorenz[18], entre outros. Mas havia um certo tabu de se falar de *influências intelectuais* sobre o pensamento de Jung, como se ele tivesse sido um gênio pairando acima do partilhamento de ideias – embora ele próprio, muito honestamente, sempre tivesse reconhecido o contrário. Parte dessa distorção deve-se ao fato de Aniela Jaffé, a quem ele ditou

15. "Sermão da Montanha", Mateus 7:1-5.
16. *Nietzsche's Zarathustra – Notes of the Seminar Given in 1934-1939*, Princeton, Bollingen Series XCIX, 1988, dois volumes.
17. Ver *Atom and Archetype. The Pauli/Jung Letters, 1932-1958*, London, Routledge, 2001.
18. Ver *King Solomon's Ring*, London, Methuen and Co. Ltd., 1970.

suas memórias em seus últimos anos de vida (1959-1960), influenciada sem dúvida por uma forte transferência idealizadora, ter omitido os autores que o próprio Jung apontava como tendo sido seus mentores e inspiradores no início de sua carreira: Pierre Janet, Wilhelm Wundt, William James e Théodore Flournoy[19]. Marie-Louise von Franz, na biografia em que insere Jung no contexto histórico e retoma as correntes de pensamento que o alimentaram, contribuiu para ampliar esse panorama do jogo permanente de ideias que inspiram os grandes pensadores[20].

Entre os pesquisadores brasileiros, a professora Amnéris Maroni tem feito valiosas contribuições nesse sentido, especialmente num estudo em que focaliza exatamente a lacuna onde se ocultava a intersecção entre a psicologia analítica e o romantismo alemão[21]. Mas nunca tive conhecimento de pesquisas na mão contrária, ou seja, a influência do pensamento de Jung ou a inspiração que evidentemente nele buscaram autores como Mircea Eliade, Claude Lévi-Strauss, Gaston Bachelard, Heinz Kohut ou D.W. Winnicott, que não obstante, sabe-se lá por quais motivos, nunca mencionam o nome de Jung.

Tenho uma hipótese, ou melhor, uma desconfiança, já que não me encontro em condições de embasá-la: Wilfred Bion leu Jung, apreciou certas ideias suas, desenvolveu-as a seu modo mas jamais mencionou a fonte.

Para os seguidores de Freud, Jung continua sendo visto como detrator e desertor do movimento psicanalítico, para o qual aliás contribuiu enormemente em seus primórdios, tendo-se a impressão de que a melhor forma de puni-lo é o ostracismo e o desmerecimento. É muito fácil pesquisar isso, basta ver a cronologia das obras e fazer um trabalho de acompanhamento de textos publicados de um e de outro e compará-

19. *From India to the Planet Mars – A Case of Multiple Personality with Imaginary Languages*, Princeton, Princeton University Press, 1994. Esse ensaio pioneiro (1899) sobre as visões de uma médium inspirou Jung a encetar estudo análogo em *Símbolos de Transformação*, vol. v de suas *Obras Completas*.

20. *C.G.Jung – Son Mythe dans notre Temps.*

21. *Jung, o Poeta da Alma*, São Paulo, Summus Editorial, 1998.

-los[22]. Confirmado tal fato, detecta-se a existência de uma ponte unindo pensamentos convergentes. Por exemplo, quando Bion fala das estruturas mentais, ou quando privilegia o pensamento como nível supremo da realidade psíquica, do qual decorreriam as mais ilusórias experiências psicológicas, está-se muito perto do que Jung propunha décadas antes, quando dizia que alguém tem o pensamento como função dominante ou está fascinado por um arquétipo. Bion usa a expressão alucinação, não no sentido psiquiátrico, mas no de que uma pessoa é imbuída de um pensamento mágico ou pensamento primitivo que determina suas vivências. Ora, na década de 1920 Jung dizia exatamente isso apoiando-se em antropólogos, como Lévy-Brühl, que estudavam a mente primitiva, o animismo e a *participation mystique*. Jung afirmava que assim como os povos primitivos, nós também construímos pensamentos mágicos. Ele refletia sobre a existência de mitos inconscientes que regem a vida de uma pessoa, adotando uma visão abrangente com relação à miríade de produções míticas da humanidade, diferentemente de Freud ao eleger o mito de Édipo como única e exclusiva estrutura regente, no plano inconsciente, do destino individual com seus conflitos e neuroses. Ora, isso é parecido, para dizer pouco, com o que recentemente escreveu Bion.

Jung e a Arte

O contato de Jung com a arte também foi intenso e profícuo[23]. Ele dizia que certas imagens brotam não da psicologia pessoal do artista (diferentemente da interpretação de Freud em seu ensaio sobre a figura das duas mães na tela *Madona e o Menino com Santana*, de Leonardo Da Vinci), mas de um nível comum tanto ao artista, quanto aos outros

22. Cf. Sonu Shamdasani, *Jung and the Making of Modern Psychology – The Dream of a Science*, Cambridge, Cambridge University Press, 2003, especialmente o capítulo "Jung Without Freud", pp. 11-13.
23. Ver seus ensaios sobre James Joyce e Picasso em *O Espírito na Arte e na Ciência*, vol. XV das *Obras Completas*. Ver também Christian Gaillard, *Le Musée Imaginaire de C.G. Jung*, Paris, Stock, 1988.

membros da sociedade, que chamou de inconsciente coletivo. Aniela Jaffé iniciou uma pesquisa nesse sentido, publicada em "O Simbolismo nas Artes Plásticas", capítulo do livro mais divulgado de Jung, *O Homem e seus Símbolos*[24], onde identifica arquétipos que aparecem na pintura, por exemplo. Trata-se de uma linha importantíssima de pesquisa, que poderá evidenciar como em certos momentos históricos estão constelados certos temas arquetípicos, sendo verdadeiros artistas aqueles capazes de representar e dar formas a conteúdos inconscientes comuns a toda uma época[25], ou mesmo antecipá-los.

Aqui no Brasil, seria interessante, por exemplo, tomar a pintura modernista e comentar quais arquétipos do inconsciente coletivo brasileiro estavam vindo à tona na década de 1920 e não antes. A fase chamada de Pau-Brasil, na obra de Tarsila do Amaral, *demonstra* claramente o sentido de encantamento mágico presente na cultura popular rural ao mesmo tempo que se implanta a sociedade industrial. A figura do índio e do negro também aparece nesse período, na pintura da mesma Tarsila e seus contemporâneos, como Lasar Segall, na obra de Mário de Andrade e na música de Villa-Lobos, diferentemente de sua aparição na obra dos poetas e romancistas românticos do Indigenismo no século XIX ou nas óperas de Carlos Gomes. Para mim, isso significa o seguinte: é o momento em que a psique brasileira começa a buscar sua raiz, estabelecendo uma conexão com o arquétipo do *Anthropos,* termo cunhado por Jung para referir-se à configuração humana nua e crua, desprovida de roupagens de época. Nos momentos de crises e redefinições de paradigmas culturais, o que jaz no fundo da água momentaneamente emerge, e a arte é o melhor registro desse fenômeno ainda tão pouco compreendido.

Jung abriu uma série de linhas a serem percorridas em busca de novos conhecimentos e era como se deixasse claro que o objetivo não

24. *O Homem e seus Símbolos*, 7. ed., concepção e org. Carl G. Jung, Rio de Janeiro, Nova Fronteira.

25. Contemporaneamente, Rafael Lopez-Pedraza fez uma inspirada interpretação da pintura de Anselm Kiefer em seu livro *La Psicología de Anselm Kiefer*, em que aborda a expressão da sombra coletiva expressa nas obras do artista.

era precipuamente a construção de teorias sistematizadoras; propunha que se resistisse ao tentador apelo de formar conclusões e dominar áreas recém-abertas. Sua preocupação era o prosseguimento da observação e da pesquisa, o contínuo esforço de inaugurar categorias de apreensão da realidade ainda não regulamentadas pelo *establishment* do saber. De certa forma, legou a diferentes discípulos a sugestão de cumprirem esse papel, de acordo com as especialidades e propensões de cada um.

Primeiros Junguianos

Coube então a C. A. Meier, psiquiatra e analista, relativamente mais velho que os demais e bastante atraído por posições acadêmicas, ocupar a cátedra que fora de Jung na Escola Politécnica de Zurique. Meier deixou uma obra importante, que inclui uma série de estudos, intitulada *A Empiria do Inconsciente*, ainda não traduzida para o português. Outro livro interessantíssimo seu, seguindo os paralelos que Jung costumava fazer com o mundo antigo, é *A Incubação na Antiguidade e a Moderna Psicoterapia*. Alguém já leu esse livro? Nele o autor estuda o arquétipo grego da psicoterapia, suas práticas e rituais em Epidauro, centro de peregrinações ao qual acorriam os enfermos, loucos e aflitos de todas as partes da atual Europa em busca dos poderes curativos do deus Asclépios (Esculápio para os romanos), traçando paralelos formais e de sentido com a prática moderna da psicoterapia, como que dizendo que não há nada de tão novo assim sob o sol. Lápides de pedra em que eram gravados os sonhos tidos e interpretados durante o período de incubação do enfermo estão até hoje preservadas em museus e o autor comenta alguns. O pequeno leito no qual eram acomodados os peregrinos para dormir e sonhar chamava-se *kliné*, de onde derivam tanto a palavra reclinar como clínica. Alguém tem uma dificuldade que não consegue resolver, dirige-se ao oficiante, que lhe pergunta se teve algum sonho: ora, esse é o fundamento antigo, arquetípico, da moderna terapia junguiana, que Jung considerava herdeira de modos históricos de se cuidar da psique.

Outra coisa que Meier fez foi montar um laboratório de pesquisa do sono, na já mencionada Clínica de Zurichberg, lá pelo início dos anos 1950, onde se faziam experiências com voluntários que aceitavam o desconforto de dormir numa cama de laboratório com eletrodos afixados em determinados pontos do crânio para posterior exame dos gráficos exibidos pelo eletroencefalograma, com o propósito de pesquisar a variação de ondas cerebrais durante o sono e a detecção do momento exato do sonho e da onda que lhe correspondia[26]. Hoje já se sabe muito mais sobre o período do sono denominado REM (Rapid Eye Movement), mas na época essa era uma pesquisa orgânica de ponta estimulada por Jung, que nunca abandonou a conexão psicofísica para entender a psique, muito embora sua inclinação fosse para o estudo do primeiro termo, a psique. Material proveniente dessa época pioneira foi utilizado durante minha formação, e lembro-me de nossa surpresa ao aprender que, ao despertar, cinco ou seis períodos de sonho, com duração média de três minutos cada um, são muitas vezes sintetizados num único relato contínuo, muitas vezes percebido pelo narrador do sonho como mudança abrupta de cena. Lembro-me também como era interessante comparar um relato feito pelo sonhador quando desperto para esse fim assim que terminava o período REM, e suas recordações da mesma sequência onírica algumas horas depois, com tantas perdas de detalhe, precisão e amálgama de imagens.

Na mesma clínica, e contemporaneamente ao trabalho de Meier, Karl Heinrich Fierz, psiquiatra e analista, assumiu a pesquisa da psicoterapia aplicada à clínica psiquiátrica, à intersecção entre o analista e o psiquiatra, mostrando que as duas atitudes podem e devem ser compatíveis. Fierz defendia a ideia de que um analista precisa entender profundamente de psicopatologia, perceber como e quando ela se manifesta no consultório ou na clínica e que tipo de atitude o terapeuta deve assumir. Entendia a esquizofrenia, por exemplo, segundo as des-

26. A onda cerebral *Alpha* corresponde ao estado mental do sonho. Ver David Foulkes, *The Psychology of Sleep*, New York, Charles Scribner's Sons, 1966, p. 17.

cobertas de Eugen Bleuler e Jung, mas como discípulo deste último privilegiava as expressões do inconsciente do paciente para ter acesso a conflitos para este irreconciliáveis, para os quais procurava apresentar um ponto médio de superação num momento psicológico especial, que era mestre em detectar, quando a estrutura ideacional e emocional enrijecida pode tornar-se permeável à *função transcendente*, outro termo cunhado por Jung para aludir ao "terceiro não dado", ou seja, a superação das oposições dicotômicas pelo aparecimento na consciência de uma terceira posição. Fierz foi um grande pesquisador da atitude, da eficácia, da esperteza mercurial e da criatividade do terapeuta, tendo deixado pérolas escritas em um livro chamado *Psiquiatria Junguiana*.

Marie-Louise von Franz herdou de Jung os maravilhosos campos dos contos de fadas, da alquimia, da sincronicidade, do estudo do contínuo espaço-tempo e dos sonhos preparatórios da morte. O primeiro campo foi aberto quando Jung analisou o conto "O Espírito Preso na Garrafa"[27], o único analisado de maneira exaustiva em sua obra publicada (várias outras interpretações suas, constantes de seus seminários, permanecem inéditas). Marie-Louise von Franz foi sua grande exegeta e continuadora nessas várias áreas de pesquisa. Seus livros sobre alquimia tornam mais compreensíveis as ideias que Jung desenvolveu em seus próprios escritos sobre o assunto, seja devido a um enorme talento didático, seja porque ele, quando publicou *Psicologia e Alquimia*, em 1944, procurava arduamente uma linguagem científica para tratar de assuntos eminentemente simbólicos e não racionais. Jung descobriu que a metáfora alquímica, toda ela baseada na imaginação, era fundamentalmente uma projeção de processos psíquicos inconscientes sobre as reações da matéria submetida a operações protoquímicas: ele discerniu psique onde só se viam bobagens supersticiosas (bem de acordo com as últimas palavras de Freud a ele dirigidas, conforme mencionado anteriormente, de que naufragaria na lama negra do ocultismo). A essa autora devemos hoje a clara compreensão de que o trabalho realizado pelos alquimistas

27. Cf. "O Espírito de Mercúrio", *Estudos Alquímicos*, vol. XIII das *Obras Completas*.

– laboratórios, fornos e retortas à parte – era basicamente uma autorreflexão em que procuravam o que hoje denominamos desenvolvimento pessoal ou espiritual. Sua obra-prima, estruturada nos últimos anos antes de ser afetada pelo mal de Parkinson, consistiu na localização de um elo perdido, do qual Jung sempre suspeitara, que mantinha a continuidade entre a alquimia árabe, originada no Egito antigo, e a praticada na Idade Média. Essa descoberta demandou enormes esforços e visitas a obscuras bibliotecas e arquivos no Oriente Médio (graças aos esforços de seu colaborador Theo Abt), até que foi localizado o manuscrito árabe do século IX de autoria de Muhammad ibn Umail, denominado *Hall Ar-Rumuz*, traduzido como *O Esclarecimento de Enigmas*[28]. Não resisto à tentação de citar (traduzo do inglês) uma pequena amostra da profundidade de sua capacidade de compreender os testemunhos obscuros de épocas perdidas em que, como ainda hoje, seres humanos tentaram evoluir para além do ego. Diz von Franz:

> Penso ser mesmo possível que nosso autor não estivesse de forma alguma fazendo experimentos químicos, mas sim uma espécie de meditação de yoga, trabalhando diretamente sobre sua vida endossomática, na época encarada como um corpo sutil no interior do corpo. [...] No contexto do misticismo islâmico isso significa que a matéria-prima do alquimista era seu Eros, [...] que devia ser sublimado em Espírito criativo de Deus operando na psique humana[29].

O analista inglês Edward Edinger também seguiu a trilha aberta por Jung para uma compreensão moderna da alquimia, fazendo aproximações com a homeopatia e tentando uma conceituação própria a partir de cada etapa isolada da obra alquímica[30]. Segundo meu entender, sua contribuição, bastante distinta da de von Franz, tem estimulado uma certa tendência reificadora de se aplicar a situações clínicas termos

28. *The Clearing of Enigmas. Historical Introduction and Psychological Commentary*, por Marie-Louise von Franz. Edição particular. Egg/Switzerland, 1999.
29. *Op. cit.*, p. 66.
30. Ver seu livro *Anatomia da Psique. O Simbolismo Alquímico na Psicoterapia.*

metafóricos, em latim, como *Solutio, Coagulatio, Putrefactio* etc., que a meu ver rotulam e literalizam processos psíquicos inconscientes que melhor seria nomear menos e entender mais, segundo o próprio estilo de uma linguagem proveniente da psique em sua condição de matéria natural – cuidado, portanto, com a linguagem do Ego quando fala de um domínio que não é o seu.

Von Franz é a grande continuadora da obra de Jung, não só pelo que produziu, mas porque manteve vivo o espírito de pesquisa e o laborioso exame de fontes primárias muitas vezes indecifráveis. Há dois notórios estudos seus sobre áreas vizinhas à Física e à Matemática, sem jamais perder o ponto de vista psicológico e as intersecções ocorridas na consciência. Um deles é *Number and Time,* em que acolheu uma hipótese de Jung de que valeria a pena estudar os números como arquétipos elementares da consciência e o tempo como uma categoria condicionante de seu modo de processar informações. Sobre interpretação de mitos e contos de fada, Marie-Louise von Franz escreveu vários livros; tive o privilégio de participar de seu último seminário sobre o assunto no Instituto C.G. Jung, em que, sem uma anotação diante dos olhos, discorreu durante horas, sem perder o fio, sobre um intrincado conto romeno intitulado "A Gata" (erroneamente traduzido como "O Gato" na edição brasileira). Sobre sonhos, escreveu *O Caminho dos Sonhos,* em que comenta sonhos narrados e filmados por pessoas na rua, e *Os Sonhos e a Morte,* onde são analisados sonhos relatados a terceiros por pessoas em seus últimos dias de vida, ou durante episódios de morte clínica, desenvolvendo a hipótese, também aventada por Jung mas não pesquisada sistematicamente, de que a última tarefa dos sonhos é nos preparar para a morte – de fato, segundo o material indica, para um certo tipo de continuidade da energia psíquica após seu desligamento do corpo. Tive oportunidade de traduzir a ambos e os considero fundamentais para o trabalho junguiano com sonhos. Sobre os sonhos da Antiguidade ela fez uma brilhante e erudita interpretação (seu livro chama-se *Dreams*) dos sonhos registrados de personagens do calibre de Sócrates, Temístocles, Aníbal, Mônica, mãe de Santo Agostinho, da mãe de São Domingos e de René Descartes, sempre localizando os personagens no contexto histórico de sua mentalidade. E seguindo o mestre, também deixou tarefas para os que com ela estudaram ou fizeram análise, muitos dos quais hoje reunidos num centro de estudo e formação, na Suíça, que leva seu nome e é uma alternativa à formação tradicional no Instituto de Zurique (onde aliás há atualmente dois, devido a uma séria dissensão). Duas longas pesquisas sobre sonhos de mulheres grávidas foram programadas; a primeira, coordenada por Regina Abt, procura indícios fornecidos pelo próprio inconsciente sobre o mistério da origem da vida (*Dream Child – Creation and New Life in Dreams of Pregnant Women*) e a segunda, ainda em andamento, focaliza o outro polo, o destino final da existência.

A Barbara Hannah coube – ou talvez Jung tenha diretamente lhe sugerido – dar continuidade às pesquisas com o processo por ele criado e batizado de "imaginação ativa", que parece ter sido a menina dos olhos do mestre, que muito a praticava como meio de tornar objetivos e mesmo personalizados certos conteúdos do inconsciente, estimulando a formação de símbolos e permitindo ao ego um confronto ativo com outros núcleos da psique que o influenciam. O livro da Barbara Hannah é o primeiro a tratar do assunto e tem por título *Active Imagination – As Developed by C.G. Jung*; antes dele, só havia os comentários de Jung sobre os produtos da imaginação ativa e das pinturas da paciente que lhe forneceu material para seus *Visions Seminar*, ainda inéditos entre nós. Marie-Louise von Franz também aborda o tema em seu *Alchemical Imagination.* O livro de Hannah, seguindo as pegadas de Jung, apresenta e analisa material de pacientes da autora. Barbara Hannah também escreveu uma emocionante biografia de Jung.

Aniela Jaffé editou a autobiografia de Jung. Hoje, depois de concludentes pesquisas feitas pelo historiador da Psicologia Analítica Sonu Shamdasani sobre os trechos originais de Jung e as várias interferências dessa autora, revelou-se que ela tanto expandiu fantasiosamente quanto omitiu fatos cruciais da vida dele. Jaffé omitiu, como já mencionado, a influência sobre o pensamento de Jung exercido pelas ideias de Pierre

Janet, William James e Théodore Flournoy; cobriu de silêncio sepulcral a longa e íntima relação de Jung com Toni Wolff, sua ex-analisanda, discípula e amante, analogamente à omissão do estreito vínculo entre o mestre e Sabine Spielrein, sua paciente da época do Hospital Burghölzli e em seguida sua amante, inspiradora da concepção de *anima* (assim como em seguida viria a plantar na mente de Freud a noção de *Thanatos* ou pulsão de morte), sem no entanto ter recebido o merecido crédito por suas inovadoras contribuições[31]. Aniela Jaffé também publicou um belo livro, *Word and Image,* oferecendo uma visão geral da vida e da obra de Jung através de bem escolhidos excertos e de fotos raras, especialmente fac-símiles de páginas nunca antes vistas dos diários de Jung, onde este anotava e desenhava seus sonhos e visões, os famosos Livro Preto e Livro Vermelho[32]. Ela também escreveu sobre o tema da morte num livro em conjunto com Marie-Louise von Franz e Liliane Frey-Rohn intitulado *A Morte à Luz da Psicologia,* além de um peculiar estudo psicológico sobre visões de espíritos e almas do outro mundo, intitulado *Apparitions.* Jung se interessou muito por percepção extrassensorial, manteve uma correspondência objetiva e intelectualmente audaciosa com J. B. Rhine, controverso pesquisador americano da paranormalidade e telepatia. Quando Jung se interessava por algum assunto, não havia preconceito que o detivesse, indo sempre atrás do que lhe pedia sua enorme curiosidade. Essa é uma das áreas abertas por Jung que encolheu; ninguém, que se saiba, teve a coragem ou a vontade de retomar esse assunto, muito embora possa no futuro vir a ser reconsiderado em decorrência de descobertas da ciência "séria", especialmente a neurociência. Será então preciso novamente reconhecer o vanguardismo de Jung, por mais denegrido que possa ter sido em sua época, certamente para seu grande desgosto e sentimento de incompreensão.

31. Seus escritos, de importância histórica inegável, continuam em grande parte inéditos até hoje.
32. Este último, com comentários de Sonu Shamdasani, foi publicado, em edição *fac-símile*, pela Editora Vozes em 2010.

Liliane Frey-Rohn, que era filósofa antes de tornar-se analista, estudou de modo sistemático a relação teórica entre conceitos equivalentes, paralelos ou antagônicos no pensamento dos dois grandes mestres em seu livro *From Freud to Jung*. Por exemplo, pondera como o conceito de trauma no primeiro ocupa o lugar de complexo no segundo, libido para um e energia psíquica para o outro, método causal e hermenêutico, inconsciente pessoal e inconsciente coletivo, sonhos como indicadores de desejos reprimidos ou como manifestações do inconsciente, entre outros pares contrastantes de ideias. Seu trabalho não esgota o estudo crítico e comparado de ambas as teorias, mas foi o primeiro passo. Essa área, na verdade, não progrediu muito.

Outra das discípulas de Jung da primeira geração, Linda Fierz-David, praticamente desconhecida dos leitores brasileiros, ficou com o gosto de Jung pela Antiguidade. É de sua autoria um trabalho interpretativo das pinturas murais da Vila dos Mistérios, em Pompeia (intitulado *Women's Dionysian Initiation: Villa of the Mysteries Frescoes*), especialmente os de uma sala onde é representado um ritual de iniciação feminina sobre o qual não se sabe praticamente nada, pois não se tem conhecimento de fontes escritas sobre os chamados mistérios femininos. O tema da série de pinturas é a gradual transformação de uma menina em matrona, processo em que uma figura masculina alada, interpretada pela autora como personificação do *animus*, depois de fustigá-la com um chicote a conduz para a maturidade. A ideia do trabalho é documentar historicamente o processo de individuação e, durante parte dele, o difícil relacionamento da mulher com o *animus*, fortalecendo a ideia de que Jung, ao invés de ser arbitrário ou fantasioso ao descrever figuras do inconsciente como *animus* e *anima*, estava na verdade trazendo de volta à consciência algo que era do conhecimento dos gregos e romanos, pelo menos em termos míticos e rituais.

Jolande Jacoby foi talvez a discípula mais afeita a sistematizar a psicologia do mestre, dela escrevendo um resumo que não foi do inteiro agrado de Jung. Há um livro seu, porém, que ajuda o estudante a compreender melhor certos termos que às vezes se confundem – trata-se do livro *Complexo, Arquétipo e Símbolo*.

Edward Edinger publicou um importante trabalho, *Ego e Arquétipo*, lindamente ilustrado, como aliás parece ser uma predileção dos junguianos, em que detalha hipóteses formuladas décadas antes por Jung, no volume VII de sua *Obra Coligida*[33], onde este aborda a relação entre o ego e o inconsciente. Esther Harding, americana, concentrou-se na psicologia feminina, sendo clássico seu livro *Woman's Mysteries*. Erich Neumann, com quem Jung nem sempre concordava, publicou dois importantes estudos, a *História das Origens da Consciência* e *A Grande Mãe*, além de um ensaio interpretativo do mito de Eros e Psique, que contrasta com outro, escrito a partir do prisma da psicologia masculina, por Marie-Louise von Franz, entitulado *O Asno de Ouro*. Neumann publicou também *A Criança*, importante estudo sobre as estapas do desenvolvimento da psicologia infantil.

Empiria × Teoria

A primeira geração junguiana produziu muito, como se vê, seguindo as várias áreas desbravadas e as hipóteses que Jung aventava, tendo-lhe evidentemente sido impossível desenvolver por completo tudo o que seu pensamento intuitivo concebia. Jung foi um pai profícuo, que deixou uma rica herança para seus seguidores, estimulando em todos capacidades criativas muitas vezes por eles próprios insuspeitadas. Mas o custo do discipulado era caro. Diferentemente de Freud, Jung não controlava nem censurava essa leva de produção teórica e investigativa, bastando lembrar que encorajava cada qual a seguir a trilha de suas inclinações. Creio que Jung era movido por um forte espírito de liberdade de pensamento que o fazia temer tornar-se refém de seus próprios pupilos, que na tentativa de sistematizarem o que ele mesmo havia deixado em aberto, acabassem por prendê-lo numa gaiola mental que ele abominava.

33. E não "Obras Completas", como erroneamente é traduzido "Collected Works" ou "Gesammelte Werke" na edição brasileira da Editora Vozes. Ainda permanecem inéditos textos que, quando vierem a público, comporão talvez trinta volumes, e não apenas os vinte já publicados.

É nesse sentido que se deve talvez entender os surpreendentes termos com que se dirige a um correspondente na Holanda, como veremos um pouco mais adiante.

A teoria é sem dúvida importante, mas deve ser elaborada a partir da descoberta de material empírico não estudado e não unicamente com rearranjos de conceitos, quando se parte da mesma base de onde partiram as abstrações iniciais. Nesse segundo caso, o objeto de conhecimento se rarefaz e apenas a nomenclatura se adensa. Se eu cobrir esta mesa sobre a qual me apóio de objetos estranhos, estará na hora de se propor uma teoria para compreender e explicar o que é cada um deles, qual o conjunto que fazem e a relação que se estabelece entre as partes e o todo. Mas se não houver nada de novo sobre a mesa, não é necessário ficar re-teorizando a própria teoria existente, o que facilmente descambaria num exercício intelectual estéril.

Há hoje uma tendência no mundo inteiro, em certos círculos que se autodenominam pós-junguianos, de adotar, por exemplo, conceitos de Melanie Klein para uso de terapeutas junguianos, o *Self* falso, o *Self* verdadeiro, o *Self* do Kohut, o *Self* do Bion, o *Self* de algum outro... Para mim essas ginásticas teóricas são menos produtivas do que, repetindo a metáfora, dispor algo novo sobre a mesa que nos espante e não se saiba dizer ao certo do que se trata. O Brasil está repleto de fenômenos humanos e culturais que mal conseguimos explicar: o acesso aberto ao inconsciente coletivo, o transe mediúnico, o êxtase coletivo, o sincretismo inusitado, por exemplo. Defrontemos-nos com essas nossas realidades; aí sim vamos precisar de teoria expandida. Mas a grande prioridade continua sendo a pesquisa. A teoria que Jung elaborou, pelo menos para alguns, entre os quais me incluo, ainda dá pano para muita manga.

Teoria é um caminho, um apoio, uma ajuda para se poder andar no escuro. Como queremos entrar no escuro, precisamos de alguma luz, por mais fraca que seja, para não dar com a cabeça na parede. Então a teoria é um mapeamento prévio. A teoria me sugere algo possível a respeito de uma pessoa que não conheço ainda. Mas num dado momento vou ter que deixar aquela teoria de lado e observar o que está à minha frente e perceber o que está acontecendo; para isso, devo adotar uma postura de analista, uma atitude. Então o terapeuta tem que ter uma atitude e uma teoria.

Atualizar Jung

Para mim, a teoria junguiana me dá mais ou menos aquilo de que preciso para trabalhar, mas não acho que ela deva parar por aí, de jeito nenhum. Ela já está defasada. A obra de Jung está inteira baseada em dados científicos dos anos 1920 até os anos 1950. Incorporar a seu pensamento, sem descaracterizá-lo, a impressionante massa de conhecimento que vem crescendo em proporção geométrica exige um enorme esforço de síntese e uma certa coordenação de iniciativas. Mas nós analistas nos vemos mais como livre-pensadores individualistas do que como times trabalhando em projetos comuns para organizar e selecionar conhecimento. Não é uma crítica: não somos cientistas. Somos terapeutas que eventualmente criam pensamento.

Durante minha formação, ensinava-se a Antropologia citada nos livros de Jung e não o que foi produzido de 1958 em diante, depois de Lévy-Bruhl, Marcel Mauss e Sir John Frazer. Na época posterior à deles ocorreu uma verdadeira revolução na Antropologia, e no entanto nem o estruturalismo era mencionado. Atualizar Jung é uma tarefa gigantesca. Jung gostava de História, e a possibilidade de historicizar a psique me é particularmente cara. Os historiadores preferidos de Jung eram Arnold Toynbee e Jacob Burckhardt, que davam especial atenção ao "espírito das épocas", paralelo ao conceito junguiano de "consciência coletiva". Mas hoje, se tivesse a pretensão de tornar-me um teórico junguiano, eu teria que estudar História de novo e tomar conhecimento das rupturas e inovações teóricas, dos saltos qualitativos da pesquisa contemporânea, a História das mentalidades, da vida privada etc. Se alguém sozinho conseguir atualizar cinquenta anos de conhecimento contemporâneo numa ampla gama de assuntos, esse alguém será um gênio, e nesse caso é melhor elaborar sua própria teoria holística ao invés de ficar estudando Jung.

Multidisciplinaridade

Durante os anos de minha formação, ao lado da leitura da vasta obra publicada em inglês e dos textos todos de seus discípulos que mencionei acima, interessei-me sobremaneira por seus seminários, alguns na ocasião ainda não publicados, mantidos na forma original transcrita a partir de anotações estenográficas, e especialmente por sua correspondência. O que mais me interessava não eram tanto as cartas trocadas entre Freud e Jung, hoje verdadeiros documentos históricos, mas aquelas em que respondia a perguntas de uma variedade enorme de missivistas, onde muitas vezes era possível detectar germes de futuros desenvolvimentos teóricos, ideias no nascedouro. Eu aprendia muito lendo essas cartas e uma, em particular, deixou em minha formação uma marca indelével. Ela foi escrita em janeiro de 1946 ao Dr. J. H. van der Hoop, a quem Jung se dirige como "caro colega". Nela há dois assuntos importantíssimos. O primeiro é a comunicação feita por Jung de que vinha tendo muito prazer em trabalhar em conjunto com antigos oponentes e que juntos haviam fundado um Instituto para o Ensino da Psicoterapia na universidade de Zurique. Na ocasião, o tema de discussão do grupo era a psicologia da transferência e Jung alude ao espírito positivo do relacionamento entre todos. Jung propunha uma colaboração entre as várias escolas (do grupo dirigente participavam Gustav Bally e Hans Bänziger, da Sociedade Suíça de Psicanálise, ao lado de Kurt Binswanger e Medard Boss, fundadores da psicologia existencial, entre outros), com o propósito de proporcionar treinamento a médicos e psicólogos educacionais, ao lado da criação de clínicas psicoterapêuticas na universidade para atendimento a seus alunos. Devido à oposição de outros departamentos da universidade, o grupo funcionou desde sua fundação, em 1938, até sua dissolução em 1948. Esse fato comprova a visão multidisciplinar e integradora defendida por Jung, muito ao contrário do separatismo rebelde que erroneamente se lhe tem atribuído em muitos ensaios históricos incompletamente fundamentados.

Mas o ponto forte da carta, que devia ser mais conhecido e praticado do que realmente é, prefiro manter nas próprias palavras do autor, que traduzo do inglês:

> Só me resta esperar e desejar que ninguém se torne "junguiano". Não defendo doutrina alguma, apenas descrevo fatos e apresento certas concepções que considero dignas de discussão. Critico a psicologia freudiana devido a seu viés e estreiteza, e os freudianos devido a um certo espírito rígido e sectário de intolerância e fanatismo. Não proclamo uma doutrina predeterminada e abomino "seguidores cegos". Deixo a todos livres para lidarem com os fatos a seu modo, uma vez que reivindico essa mesma liberdade para mim. Aceito por completo os fatos que Freud descreve e o modo como os trata, desde que resistam ao teste da razão crítica e do senso comum. Apenas discordo no que tange à interpretação dos mesmos, que Freud propôs de modo demonstravelmente insatisfatório. Uma vez que a psique não é apenas pessoal e de hoje, devemos nos apoiar na psicologia dos povos primitivos, bem como na história da mente, para poder explicar a psique, ao mesmo tempo evitando certos preconceitos médicos e biológicos. Um exemplo do método incorreto de Freud pode ser encontrado em suas obras *Totem e Tabu* ou *O Futuro de uma Ilusão*. Nelas seus pressupostos doutrinários levaram a conclusões errôneas. Sua concepção do problema do incesto é igualmente insatisfatória[34].

Essa é a postura de Jung, e para dar continuidade a seu modo de encarar o fenômeno psíquico é preciso de colaboração, estudo, convergência de profissionais, diálogo e intercâmbio de ideias e descobertas. Mas a boa troca é a que tem um vetor, pois não se pode trocar tudo. Com um físico quântico, por exemplo, seria interessante discutir até que ponto espaço e tempo são categorias condicionantes ou percepções relativamente ilusórias da consciência. Caso ele entre no debate, o que teremos para trocar? Ele poderia explicar as descobertas da física quântica e eu lhe relataria um sonho. Por exemplo: na semana passada um paciente disse o seguinte: "Eu tive um sonho que me deixou muito perturbado, porque eu desmontava o meu relógio e depois não conseguia mais montá-lo do jeito que era antes, pois os dois ponteiros se juntavam um

34. *C. G. Jung Letters*, Princeton, Princeton University Press, 1973, vol. 1, pp. 404-406.

sobre o outro. Não viravam um ponteiro só; não, ambos se juntavam e um deles ficava de pé, o que impedia que eu fechasse o relógio com a tampa". Comentei que nesse caso estávamos diante da terceira dimensão, porque com dois ponteiros convencionalmente dispostos estamos no campo da bidimensionalidade, com tempo e espaço tais quais os conhecemos. Mas no sonho surge uma dimensão adicional: esse relógio é uma impossibilidade técnica, mas é um símbolo. Para este paciente, que não é um cientista, o que esse sonho sugere é que é possível nesse momento haver uma alteração de certas categorias de sua consciência, de sua visão da realidade. Nessa altura do debate, seria possível propor ao físico a ideia de que o inconsciente, servindo-se de sua linguagem própria, está trabalhando questões próximas das que interessam à física quântica, que por seu lado também utiliza a linguagem que lhe é peculiar. E quando a ele digo "sonho", estou dizendo que se trata da mesma mente que ele, eu ou o paciente temos e usamos, apenas funcionando em outra onda cerebral, onde "do inconsciente", ou seja, de uma reflexão ainda não assimilada, brotam elementos que podem ser integrados à discussão intelectual do tema. De minha posição no diálogo, baseado em Jung, eu poderia lembrar-lhe que em certos mitos e contos de fada há situações fantásticas em que o protagonista atravessa uma porta, ou uma fenda, e percebe que está cem anos mais velho, ou toda a aldeia adormeceu por cem anos e quando ele desperta o tempo não passou; ou então o herói senta-se no tapete mágico e sai voando, livre do condicionamento espacial e da gravidade. Não estariam *Mythos* e *Logos* em certas conjunturas históricas procurando compreender as mesmas coisas?

Identidade Junguiana

Ser junguiano não significa ser devoto, nem defensor acrítico, nem fechado a outras linhas, mas, por outro lado, também não implica abandonar certas ideias apenas por serem difíceis de compreender, ou por se achar que a psicologia junguiana por si só não seja suficiente para embasar uma identidade intelectual ou terapêutica. Defendo a ideia de que a Psicologia Junguiana estabelece um estilo bastante diferenciado de pensar e trabalhar que dá conta dos desafios que enfrenta. Considero importante o que os outros pensaram, mas não acho bom salada mista de ideias, porque ao fim e ao cabo já não se tem gosto de nada, o tudo vira nenhum. Prefiro um bom psicanalista ortodoxo a um que sincretize escolas, porque do primeiro posso conhecer as categorias com que reflete. Mas se um psicanalista freudiano começar a falar de arquétipo, já não sei bem o que tem em mente. Ou se é uma coisa, ou outra. A diferença deve ser reconhecida, respeitada e mantida enquanto tal. Há diferenças metodológicas? Teóricas? Há uma diferença de postura terapêutica? Há: que sejam reconhecidas. Carregamos todos nós essas diferenças porque somos todos herdeiros do difícil e dramático rompimento entre Jung e Freud.

Seria absurdo se houvesse apenas uma teoria para explicar a psique; essa pretensa teoria seria falsa. É impossível que uma teoria só dê conta da psique, devido à sua enorme multiplicidade de dimensões e facetas. Jung a considerava o objeto mais complexo de todos, tão difícil de conhecer como a vastidão do cosmos ou a ínfima dimensão da partícula subatômica. É portanto absolutamente necessário que haja teorias contrastantes e que se saiba claramente quais são suas diferenças, porque cada uma poderá enfocar apenas um aspecto e temos que aceitar nossa relatividade e nossa limitação. É uma tarefa emocionalmente difícil, porque nossa "sombra científica" acaba arrogantemente querendo ser capaz de ver o todo, mas a verdade é que nunca se vê o todo quando se trata da psique: nunca se vê o ser humano por inteiro, nunca se tem consciência total das variáveis que configuram o momento em que se dá o ato de observação, há sempre uma fatia imensa de desconhecimento, que é o que se chama de inconsciente. O que se pode fazer é apenas falar daquilo que se vê, aceitando essa circunstância como parte da condição humana, em que não é possível ter-se consciência de tudo. É uma utopia inflada e perigosa ter-se a pretensão de esgotar o inconsciente, ou de dar conta do real como um todo. O objetivo não é esse, mas pensar de uma maneira tal, que se possa reconhecer a presença do desconhecido. Falamos do que vemos e calamos sobre o que não se conhece, mas sabendo que está aí. "Invocado ou não, o desconhecido está presente", diria eu parafraseando uma conhecida frase de Jung inscrita no frontispício de pedra que encima a porta de entrada de sua casa em Küsnacht, à beira do lago de Zurique (no original, *Vocatus atque non vocatus Deus aderit*).

Com uma postura dessas se cresce; enquanto a psicologia não puder adotá-la, assemelhar-se-á a uma garota pretensiosa, como o adolescente que faz pronunciamentos peremptórios sem saber direito de que está falando. Essas pretensões de estar dando conta do todo são ingenuamente juvenis. É preciso reconhecer o não conhecido para avançar.

Diziam os que com ele conviveram que era impressionante conversar com o velho Jung, dado o grau de conexão inconsciente com o interlocutor que se estabelecia nos contatos pessoais. Nos seus últimos anos de vida – ouvi de alguém que esteva presente – foi-lhe oferecida uma festa em seu jardim, a que compareceu um grande número de pessoas de seu círculo. Uma das homenagens era o plantio de uma árvore. O jardineiro, de quem aliás Jung sempre gostava de ouvir a opinião sobre os mais sérios assuntos, tomou a pá e começou a abrir uma cova. O silêncio geral pesava. Jung quebrou-o em alta voz, como que captando a fantasia que a todos contaminava: "Parem de pensar que isso é a minha cova". Ele ainda era a árvore arraigada, e não a cova sepulcral.

Ouvi o testemunho de pessoas que ainda procuravam Jung, em sua idade avançada, para sessões de análise. O paciente sentava-se e sem preâmbulos Jung começava a falar algo aparentemente aleatório e depois de algum tempo, no decorrer de sua fala, acabava formulando exatamente a solução do problema que a pessoa estava esperando para relatar. Mas não há nisso nada de extraordinário, uma vez que a proposta que ele fez e pôs em prática era exatamente aproximar consciente e inconsciente, que ele chamava de processo de individuação. Seu ego, maduro e vigoroso, havia se transformado num instrumento de precisão, um bom trabalhador de uma causa, um ego que dava passagem para o *Self*, expressava-o e agia conforme a inspiração que este infundia.

Jung nos deu mostras do que um ego laborioso e assim conectado com uma base mais profunda é capaz de produzir: uma obra extensa, que quando finalmente publicada em sua integridade (finalmente obra "completa" e não mais "coligida", como ainda é) terá talvez trinta volumes. O ego de Jung era inspirado e sempre tinha algo a fazer (embora relaxasse lendo romances policiais ou jogando paciência). Por que, como pode ser? Tudo indica que é porque aquela portinha, de onde brota a inspiração que vem do inconsciente, estava sempre aberta. Além disso, ele descobriu um modo particular de focar a imaginação naquela figura interior que batizou de *anima*, com quem travava diálogos e discussões – mas não revelou a ninguém os segredos dessa prática – tendo-a concebido como mediatriz entre o inconsciente e o consciente. É como estar diante da entrada de uma caverna: lá começa o inconsciente e no limiar da porta Jung via a figura de uma mulher. Ela tem portanto a possibilidade de trafegar entre os dois mundos. Às vezes, usando criativamente sua imaginação, Jung lhe perguntava o que via do lado de lá e ela lhe "respondia", o que por ele era sentido como um *insight* que o levava a alguma nova ideia, percepção ou intuição.

A relação de Jung com as mulheres sempre foi constante e intensa; elas o rodeavam e o inspiravam. Muitas testemunharam que no contato com ele sentiram sua criatividade liberada, e de fato grande número delas produziu trabalhos de valor, como já mencionado. Sendo a *anima* uma força arquetípica que cria todo *um sistema de expectativas do homem com respeito à mulher*, analogamente Jung esperava, e recebia, as sementes que elas plantavam em sua mente. Jung considerava que o princípio feminino, em tudo oposto ao fálico, com seu poder regenerador e doador de vida, era o grande valor reprimido da cultura, posição esta que o levou a confrontar certos dogmas cristãos que degradavam a matéria e o corpo, criando uma das cisões responsáveis pela unilateralidade de nosso tempo.

Um Campo Fértil

Na última vez, o que acabou tomando corpo foi um comentário meu sobre as várias áreas que Jung desbravou no decorrer de seu trabalho, as quais, segundo meu modo de ver, não têm sido devidamente exploradas, disso resultando um lamentável abandono de um rico feixe de hipóteses de pesquisa. Há portanto ainda muito trabalho de atualização de ideias a ser feito, cotejando-se o conjunto dos conhecimentos a que ele teve acesso no período compreendido entre os anos 1920 e os anos 1950 com os avanços das várias disciplinas com as quais dialogou. Jung dizia a cada pessoa que fazia análise com ele e pretendia tornar-se terapeuta que descobrisse sua própria verdade, seus alicerces, e que exercesse o ofício a partir de seus próprios fundamentos e convicções. De modo que há muitas maneiras de se fazer um trabalho junguiano. Creio porém que há ideias claras por ele traçadas que podem ser aproveitadas da maneira mesma como ele as formulou. Algumas exigem muito estudo e reflexão, sendo sua assimilação lenta e trabalhosa. Segundo entendo, e assim fui formado, a Psicologia Analítica não é padronizada;

não há uma atitude padrão que um terapeuta deva aprender ou absorver, passando em seguida a exercer o ofício de modo programado. Isso não é nem bom, nem mau, de um lado tem vantagens, de outro desvantagens. A inevitável desvantagem é sentir-se às vezes perdido, sem clareza a respeito do caminho a seguir. Não há modelo para quem escolhe essa via. A vantagem é que essa proposta permite a criatividade individual e a individuação do próprio terapeuta, abre espaço para que as transformações sofridas por este se manifestem na maneira como trabalha. Essa característica claramente diferencia a terapia junguiana das outras formas de atendimento. A questão é delicada porque, às vezes, uma má prática pode passar despercebida como sendo uma análise junguiana normal, quando na verdade está sendo falha e mal fundamentada. De modo que é preciso ter alguns critérios bem definidos quando nos avaliamos a nós mesmos ou a trabalhos alheios. Essa dificuldade é devida à ausência de um formato claro e padronizado.

Sonhos

Vou começar com sonhos, porque gosto muito de trabalhar com eles e também por tratar-se de uma questão central na terapia junguiana. Mais uma vez, é preciso lembrar que Jung adotou uma visão muito específica, muito nova, a respeito da função dos sonhos no processo terapêutico e da maneira de interpretá-los. A antiga divergência entre Jung e Freud ainda vige, quer dizer, trabalhamos numa área onde convivem posições teóricas muito distintas, que levam a resultados ou práticas completamente diferentes. Como consideramos da última vez, isso não é necessariamente um sinal de imaturidade da psicologia do inconsciente; nas palavras do próprio Jung, não se poderia desejar a existência de uma ciência unificada para tratar do fenômeno mais complexo de todos, o fenômeno psíquico. Não há portanto motivo algum para se criar celeumas ou comparações, basta constatar o fato e cada um ser o que é. Se você se coloca numa perspectiva junguiana, seu trabalho com sonhos será totalmente diverso daquele praticado a partir de uma perspectiva psicanalítica. Acho importante manter isso em mente para sabermos o que se está fazendo e com base em quais pressupostos se trabalha. Jung dizia que alguns sonhos certamente são realização de desejos, mas não todos. Ele reconhecia que alguns sonhos elaboram e satisfazem um desejo inconsciente incompatível com o ego, mas para ele esse é apenas um tipo de sonho, parte de um todo muito mais amplo. Aí começa a divergência com Freud.

Mas a diferença fundamental é que, na visão junguiana, um sonho é um produto natural da mente – e ele usa exatamente essa expressão – completo em si mesmo, sem disfarces nem censuras, uma declaração a respeito de um estado interior, envolvendo desejos ou não. Há uma passagem em que Jung se serve de uma metáfora, equiparando o sonho a uma fotografia da situação psíquica, tirada por um fotógrafo distinto do ego, que olha para uma cena de um ângulo distinto do adotado por este último. O ego fotografa uma situação existencial pelo prisma consciente que lhe é peculiar. Ao passo que o sonho registra a mesma cena por outro prisma. A função primordial do sonho é portanto fornecer uma imagem diversa daquela com que se debate a consciência.

Qual o sentido e a utilidade de incluir sonhos em nosso diálogo? Às vezes uso essa analogia para explicar a alguém que começa a trabalhar comigo: da mesma forma que um médico se apoia em exames de laboratório para avaliar a situação de saúde de um paciente e testar hipóteses diagnósticas, um sonho pode cumprir para mim uma função equivalente. Meu primeiro diagnóstico baseia-se nos sonhos relatados nas primeiras sessões, às vezes exatamente na primeira, sonhado na véspera. Para mim, ele não está revelando o desejo do paciente, mas expressando o modo como está estruturada uma certa situação ou um certo momento da sua vida. Nessa concepção, o sonho é uma constatação e assim deve ser encarado e tratado, como um dado a partir do qual se começa a conhecer o paciente independentemente de seus desejos arcaicos reprimidos e até mesmo de suas associações de ideias no plano biográfico.

O Sonho Enquanto Linguagem

A ideia é a seguinte: o sonho é uma linguagem utilizada pela mente quando esta se encontra numa onda distinta daquela correspondente ao estado de vigília, com a peculiaridade de que esta última não compreende essa linguagem, como se a consciência falasse e entendesse latim e o sonho, sânscrito, com alguns termos em latim para criar uma ponte mínima de compreensão. Então uma parte nossa, que só funciona quando outra está desativada, pensa de uma maneira própria e fala uma linguagem universal, que pode ser estudada, comparada e finalmente compreendida (mais do que "interpretada"). Percebe-se que ela é transcultural e atemporal. Quando estudados sob esse prisma, percebemos que os sonhos que nos chegaram da Antiguidade babilônica, israelita, grega e romana servem-se de uma linguagem análoga à dos sonhos contemporâneos. Essa linguagem não mudou; baseia-se primordialmente em imagens e não em conceitos abstratos. Sua estrutura, segundo entendia Jung, é a mesma do drama, conforme elaborado pela cultura grega em especial, mas não exclusivamente. O sonho portanto tem uma estrutura dramática, fala uma linguagem baseada em imagens e é essencialmente um pensamento, que difere de outros por transcorrer num estado da mente e numa onda cerebral peculiares. O sonho é uma reflexão, um comentário, uma tentativa de compreensão produzida todas as noites. Nossa vida portanto transcorre acompanhada por duas categorias de pensamento, um consciente e outro não, sobre aquilo que fazemos ou não, sobre o que está acontecendo conosco. Se integramos ou não esse segundo tipo de pensamento chamado sonho, se o interpretamos ou não é outra questão; mas é fato que esse fenômeno mental ocorre para todo mundo, todas as noites, toda vez que o cérebro entra numa certa faixa de funcionamento, como a pesquisa contemporânea sobre sono e sonho tem demonstrado.

O Trabalho com Sonhos

A questão para nós é: como trabalhar com esse material? O que se pode fazer com um sonho? Algumas declarações de Jung a esse respeito já se tornaram clássicas. Lembro-me de uma passagem em que relata que quando um paciente o procurava, ele não sabia mais sobre o problema deste do que a própria pessoa, porque levava em conta que o paciente obviamente era inteligente, havia pensado o melhor que podia sobre sua situação, até chegar a um ponto onde empacava, não havendo portanto nenhuma razão para que ele, Jung, enquanto terapeuta, pudesse saber de antemão algo que o paciente ignorava. "Não sou – dizia Jung, e cito de memória – mais inteligente do que ele e não tenho acesso a informações além das que me relata, mas há uma coisa que posso fazer melhor do que ele: ouvir o que seu inconsciente está dizendo."

Essa postura clássica de Jung remonta, historicamente, à consulta ao oráculo. A ideia ou arquétipo, se vocês quiserem, é esta: quando a consciência está perdida e não tem mais a partir do que se orientar, ela consulta outra fonte. Se você literalizar essa situação, você se dirige ao oráculo de Delfos, consulta a pitonisa, alguém que fala por você e diz algo a seu respeito a partir de um obscuro canal que o consulente não sabe acessar. Jung enfatiza, porém, que essa fala "oracular" brota do interior da própria pessoa, bastando invocá-la, ouvi-la e procurar compreendê-la. Em sua obra coligida, bem como em seu *Memórias, Sonhos e Reflexões* e suas cartas e seminários, há muitos exemplos em que relata situações desse tipo, quando nada sabia do que estava acontecendo com a pessoa sentada à sua frente. Um sonho então é contado e, a partir deste, o problema toma forma e ganha nome. Essa é pois nossa postura fundante, enquanto terapeutas junguianos, ao trabalharmos com sonhos. É uma consulta ao outro lado da mente, na convicção de que desse procedimento advirão informações que poderão conduzir a uma compreensão mais ampla do quadro atual do paciente.

Essa postura de encarar o sonho como fonte de informação, ou seja, como um canal de conhecimento, leva à questão de saber se esse canal é puro ou não, se pode ser manipulado ou não. Na visão junguiana, um sonho não é manipulado e não pode sê-lo pelo ego. Segundo Jung e seus seguidores, por mais que se treine, não se consegue interferir no mecanismo e no fenômeno do sonho. Portanto, nossa prática baseia-se no postulado de que o sonho é um produto confiável, não contaminado por manipulações do ego, embora o material de que é feito seja por este conhecido. Não é adequado dizer que o sonho seja "o inconsciente". O sonho usa material da consciência, porque se não o fizesse esta não teria como compreendê-lo, não poderia reconhecer as imagens que o compõem. É possível até pensarmos que durante o sonho apareçam muito mais coisas, mas se não forem familiares à nossa consciência, não temos como retê-las, não há peneiras, não há nomes para estranhezas e o contato não se realiza. Decorre portanto que a matéria de que é feito o sonho – *the stuff of dreams*, como dizia Shakespeare – é consciente: são paisagens, pessoas, coisas, situações que conhecemos; o que não conheço, não posso identificar, nomear e muito menos reter. Mas a estrutura do sonho não é feita pela minha consciência, assim como não o é a formação de símbolos e a escolha da imagem que o expressa. Aí é que está o grande material do trabalho terapêutico. Jung pretendeu ter descoberto um nível fenomenológico, empírico, observável, no qual ocorre algo portentoso, ou seja, o ser humano produz uma informação sobre si mesmo que de imediato não compreende, e essa informação é pura. Vale a pena tentar compreendê-la, porque ela leva aonde se deve chegar.

Jung diz coisas do seguinte tipo: os sonhos não mentem, não trazem algo além do que a consciência do sujeito seja capaz de absorver, evoluem paralelamente ao desenvolvimento da consciência, sempre ali presentes, como um Outro inominado que com ela dialoga. Quando se encara o sonho dessa maneira, já estamos pensando no Outro dentro de nós, um interlocutor íntimo que conversa conosco, embora, em geral, essa conversa quase sempre transcorra fora de sintonia. E por que mesmo? Porque esse interlocutor não é percebido nem valorizado, porque não se lembra o que dele emanou, porque não se gosta do que ele disse, porque é muito trabalhoso o esforço de compreender sua linguagem. O diálogo é maltratado e menosprezado e, nesse sentido, a análise é uma escola, porque através do trabalho analítico o indivíduo vai aprendendo a conversar com seu inconsciente. Essa é uma função educativa da análise. O analisando vai aprendendo um pouco dessa linguagem. É raro alguém atravessar um período relativamente longo de análise junguiana (não sendo o objetivo aprender a interpretar sonhos) e não começar a compreender essa linguagem, compreender que sonhar com o filho não significa necessariamente o próprio filho, ou que um objeto estranho possa ser um símbolo transformador criado pela psique. Passa-se então a valorizar o que surgiu pela via do sonho, reconhecendo a pertinência do material simbólico para aquele momento da vida.

Jung dizia que uma das funções da análise é educativa: o *aprendizado da fenomenologia do inconsciente*. E como é peculiar ao seu estilo sempre procurar uma dimensão histórica, ele sempre mencionava exemplos para lembrar que essa prática não foi inventada por ele. Na Antiguidade greco-romana, e isso já é de conhecimento geral, os sonhos traziam informações, bons ou maus augúrios para o indivíduo ou para a coletividade. Era hábito na época registrar o sonho e levá-lo para o oneirocrítico; enfim, essa prática está incorporada em nossa consciência coletiva. Jung mostrou que isso também existe nos povos assim chamados primitivos e que essa prática pode ser observada em provavelmente todas as culturas (nós sabemos, mas Jung não teve ocasião de tomar conhecimento do fato por falta de literatura publicada em inglês ou alemão em sua época, que nossos índios atribuem enorme importância aos sonhos, cabendo aos pajés interpretá-los, geralmente em termos coletivos e proféticos). Ou seja, não há novidade alguma em se falar disso, acho que Jung apenas atualizou essas tradições em termos científicos, mas não há nenhuma diferença fundamental de procedimento. Nesse sentido, a proposta freudiana é diferente da herança histórica, enquanto a junguiana não o é. Um bom terreno para discussão, caso se julgue oportuna.

Os sonhos da Antiguidade citados e comentados por Jung em sua obra são especialmente o de Nabucodonosor, em que tomba aos pés do rei a grande árvore da vida; o de Gilgamesh, de cerca de quatro mil anos atrás, em que uma estrela cai do céu sobre a terra; o de Jacó, em que uma escada une o céu e a terra, e muitos outros. Como eu dizia na sessão passada, essa foi uma área que quase ninguém seguiu a não ser Marie-Louise von Franz, que publicou um belíssimo livro em que interpreta sonhos históricos e bíblicos com referência ao contexto cultural de cada época específica. A partir desses sonhos históricos ela reconstrói todo o clima intelectual da época e instala cada um num nicho de pensamento temático que lhe dá sentido.

Recomendo a leitura do sonho de Sócrates para quem quiser conhecer um pouco essa linha de trabalho. Resumidamente: o *Daimon*, o espírito ou gênio de Sócrates, lhe aparece e declara mais ou menos (cito de memória) o seguinte: "Sócrates, você devia fazer mais música". Jung usa muito esse sonho para ilustrar a função compensatória do inconsciente, dizendo: o inconsciente de Sócrates sabia que ele estava ficando muito unilateral, identificando-se exclusivamente com o pensamento. Como a psique é um sistema autorregulatório que visa a integração de partes fragmentárias num todo único, uma parte central do filósofo, que não sua consciência, sabe que ele está ficando desequilibrado e lhe sugere um pouco mais de música, ou seja: não está faltando sentimento? Para enfatizar o sentimento no intuito de equilibrar o pensamento exacerbado configura-se o símbolo da música, que os gregos eram bem capazes de entender. Se considerarmos esse sonho como uma satisfação de desejo não se pode fazer uma análise desse tipo, porque nesse caso se circunscreve o sonho a uma problemática pessoal. Na visão junguiana pode-se tomar um grande sonho de um indivíduo eminente como representando um problema da cultura como um todo numa certa época histórica. Esse é o posicionamento junguiano.

Na tese que escrevi em Zurique como requisito para minha formação de analista, fiz uma análise da correspondência dos jesuítas no Brasil no século XVI, usando o conceito de *sombra* para estudar de que modo os índios receberam a projeção da *sombra* cristã. Essa era a minha ideia, mas o que me levou a fazer uma longa pesquisa foi um sonho, que cito na abertura da tese. Uma vez, nos anos 1970, Fátima, minha mulher, mais um pequeno grupo de antropólogos e eu estávamos fazendo pesquisa na reserva indígena de Araribá, perto de Bauru, no interior de São Paulo, onde foram aldeados pela FUNAI (Fundação Nacional do Índio) índios terenas e caingangues que haviam sido expulsos de seus territórios ancestrais na época da abertura da estrada de ferro Noroeste do Estado. Naquela época eu fazia análise junguiana e é claro que indo lá fazer uma pesquisa antropológica eu me interessasse por eventualmente tomar conhecimento de sonhos indígenas. Minha tarefa de campo consistia em preencher um questionário com dados econômicos relativos à produção de mandioca e descrever qual era a situação de vida dessa população. Quando terminava o questionário, várias vezes indaguei a alguns índios se eles sonhavam. Um ou outro disse que sim, perguntei como era o sonho e eles me contaram. Mas um homem me relatou um sonho tão impressionante, que me inspirou a fazer a tese que fiz. Eu já considerava que um sonho podia resumir uma problemática coletiva e não apenas individual. Resumidamente, o sonho desse índio, chamado Jasone, era assim: ele ia até o cemitério antigo dos índios guaranis (ele não pertencia a essa etnia, mas sim ao povo terena), onde estavam enterrados os velhos ancestrais que tinham morrido há muitas gerações e, quando entrava no cemitério, apareceram uns homens brancos que o agarraram à força. Ele sentiu muito medo e em seguida esses homens o levaram a um cruzeiro que lá estava e o crucificaram de cabeça para baixo. Quando ele me contou esse sonho, fiquei absolutamente impressionado. Essa imagem dramática ficou trabalhando por cinco anos na minha mente e foi o estopim de um longo trabalho de pesquisa histórica e análise da psicologia dos primeiros missionários jesuítas para poder tentar interpretá-la: o que quer dizer para nós brasileiros a imagem de um índio crucificado de cabeça para baixo?[1]

1. Roberto Gambini, *Espelho Índio – A Formação da Alma Brasileira*, São Paulo, Axis Mundi/Terceiro Nome, 2000, p. 17.

Os Sonhos e a Compreensão de uma Cultura

A postura junguiana a respeito de sonhos, seus postulados e a teoria que os acompanha produz um certo tipo de terapia e inspira um tipo particular de pesquisa. De novo, são duas linhas: um estilo de se fazer terapia com base em sonhos e um tipo de pesquisa cultural que pode ser feita com base nesse tipo de material. Esse último é um campo riquíssimo e muita pesquisa pode ser feita a partir de sonhos registrados em livros de memórias e depoimentos de escritores, artistas e poetas brasileiros. Há sonhos de índios, de crianças, de figuras históricas, e com a adoção dessa perspectiva pode-se trabalhar com eles para tentar entender melhor nossa cultura e nossa psicologia.

Símbolo

Venho há anos coletando material, porque tenho um projeto, que não sei se um dia vou realizar ou não, de escrever um livro que seria uma exemplificação de como se trabalha com simbolismo. Eu queria encontrar uma maneira de classificar o simbolismo e escrever um livro útil, a partir da minha prática, sobre certos procedimentos para transliterar símbolos. Vou escolher algumas áreas que me tocam mais de perto, por exemplo, todo o simbolismo relacionado à casa – só esse *topos* preencheria centenas de páginas – ao lado do simbolismo do corpo, dos animais, das cidades, da geografia, dos acidentes da natureza etc. Seria preciso fazer uma seleção, senão o livro seria uma *Enciclopédia Britânica*. Pretendo, se vier a concretizar esse projeto, narrar alguns sonhos brasileiros. Vou contar um, porque esse sonho é uma pérola. Tenho um amigo cuja mãe é uma grande escritora, Lúcia Machado de Almeida, dedicada à literatura infanto-juvenil. Lúcia era muito amiga de Cecília Meireles, a grande poetisa, e as duas trocavam cartas. Ouvi de meu amigo a seguinte maravilha: Cecília Meireles escreve para sua estimada amiga dizendo: "Querida Lúcia, tive um lindo sonho com você, sonhei que nós conversávamos e você usava um vestido cor-de-rosa, mas quando olhei para você o vestido estava do avesso". Lúcia lê essa carta na presença do filho e da nora e diz assim: "Como os sonhos são incríveis! Imaginem, a Cecília Meireles teve esse sonho comigo, o que será que isso quer dizer?" Nesse instante o filho perguntou: "Você não reparou que está vestindo um penhoar cor-de-rosa pelo avesso?" Quando se ouve um relato desse quilate é impossível não parar para pensar. O que é isso, entre duas grandes amigas, que uma sonhe com a outra e no momento do relato do sonho manifesta-se aquilo que Jung chamou de sincronicidade, que é como que um corte temporal e espacial na consciência corriqueira para produzir um estado transcendente? A indagação sobre o mistério que nos rodeia impõe-se sem mediações do intelecto.

Em sua riqueza, um sonho é desde instrumento terapêutico, até abertura para a gnose. Ou seja, há um certo tipo de sonho que nos faz pensar sobre o que é isso que chamamos de realidade, em que faixa estamos, que inimaginados canais de comunicação existem entre as pessoas, tudo aquilo que não conseguimos explicar racionalmente. Tenho a impressão de que coletar esse tipo de material é muito importante para se discutir justamente isto: onde se localiza a fronteira da nossa consciência? Colocada essa indagação, já extrapolamos o âmbito da terapia, já não estamos usando o sonho unicamente como recurso terapêutico, mas como material de conhecimento. Essa é uma preciosa área de pesquisa, o sonho como comentário feito pelo nosso pensamento não consciente a respeito do que a realidade seja.

Abordagem do Sonho em Terapia

Vejamos uma questão prática do trabalho com sonhos. Eu peço sonhos. Digamos que meu paciente me traga um sonho e eu o ouvi. Com o passar dos anos, fico cada vez mais descontraído, porque não espero entender de imediato o sonho assim que relatado. Começo a ouvir e digo para mim mesmo: "Incrível esse sonho maluco, não tem pé nem cabeça e nem sei por onde começar". Digo isso na maior tranquilidade porque sei, por experiência, que a partir disso, alguma coisa vai começar a acontecer.

Acho que uma boa postura é simplesmente ouvir a narrativa, sem se cobrar absolutamente nada, que você vai interpretar, que você vai entender, que você tem que falar alguma coisa inteligente, que você tem que extrair algum comentário importante. Não, não force absolutamente nada. Receba o relato do sonho, deixe-o infiltrar-se, absorva-o e aí – isso é uma experiência subjetiva de cada um – alguma coisa começa a acontecer. Às vezes aplico as regras da interpretação, às vezes não aplico regra nenhuma, porque inesperadamente um fio de meada se apresenta; outras vezes, mesmo aplicando as regras, nada se insinua. Começo então a garimpar, a trabalhar junto ao paciente, a pedir associações. Você pode não dizer nada, mas simplesmente lembrar que o sonho tem uma dimensão objetiva e uma subjetiva – em qual delas vamos nos concentrar? Às vezes surge uma imagem na mente e de supetão lanço uma pergunta ao paciente; a surpresa muda o rumo de seu pensamento e uma nova área abre-se, propiciando outro fluxo associativo.

Outras vezes começo como se eu estivesse dando uma aula. Não importa por onde você começa, todos os caminhos levam a Roma. Se você está na atitude de alerta, de interesse, de querer captar algo novo, sublinhar uma palavra nunca antes pronunciada, não importa o caminho seguido, você acaba entrando num território fértil. Há casos em que eu e o paciente entramos juntos, outras vezes um dos dois desata o nó. Nesse preciso instante intuo que alguma coisa muito importante vai tomar forma e terei a oportunidade de dizer algo que nunca disse antes para esse paciente, porque nunca soube formular ou porque não entendia direito, ou porque não tive coragem, ou porque não era o momento adequado. E ocorre então, numa certa sessão dirigida por um sonho, ser possível dizer algo importante e o paciente poder ouvir no devido contexto.

Como disse no começo, quando não se sabe o que fazer aplicam-se as regras – para isso é bom tê-las. Você lembra que o sonho é compensatório, então pensa: "Esse sonho está compensando uma situação consciente, que dialética é essa? Você lembra que o sonho é uma fala, lembra que o sonho tem uma *lysis*, que tem uma estrutura, você a refaz e confere: quais são os personagens? Qual é a situação inicial, qual é o cenário, qual é a proposta da ação? Qual é a peripécia, o conflito irresolúvel, onde está o clímax? Tem *lysis*? (no drama grego, o ponto culminante da tragédia, quando o conflito é resolvido). Às vezes esse elemento não aparece, o sonho acaba antes de chegar ao fim, por que será? Será porque a situação ainda não está madura, ou porque o paciente não reteve na memória as indicações do sonho sobre a resolução do conflito?

Sonhos e Associação

Quando não vejo claro, tento localizar as figuras, examino o ego onírico e procuro perceber em que aspecto este difere do ego vígil, o que ele faz e como participa ou não da ação do sonho. Ou então recorro à clássica regra freudiana da livre-associação. Você pode propor que o paciente associe e aí é preciso uma certa arte, porque a associação tem que ser livre, mas muitas vezes não é. O paciente pode ficar contaminado com o estilo do terapeuta e preferir só falar aquilo que combina com o modo do terapeuta pensar, e nada surge de novo. Pode-se propor que o paciente simplesmente diga a primeira coisa que lhe vem à mente associada a tal imagem do sonho, evitando qualquer censura. Veio alguma coisa, mas a pessoa não fala, fica com vergonha, ou acha que é bobagem e a omite. A maneira junguiana de usar a livre-associação de ideias proposta por Freud é deixar o paciente associar livremente e num certo ponto interromper, para evitar que ele se afaste da imagem do sonho e a perca. Na psicanálise é diferente, porque nesse caso o sonho pode ser apenas o pretexto, o ponto de partida para chegar a outra coisa, a um conteúdo reprimido; mas na terapia junguiana não é assim. Se você quer se aproximar do âmago do sonho não deve se desviar dele e tomar outro caminho, mas rodeá-lo por todos os lados. Se a associação começou a ir longe demais, você tem que perceber o momento de retornar à imagem que estava a ponto de ser abandonada.

Sonhos e Amplificação

Mencionei a compensação, a estrutura dramática do sonho, a discriminação dos personagens, a identificação do conflito e a livre-associação. A outra regra que se pode aplicar quando necessário é a amplificação. Que regra é essa? Que procedimento é esse? É um procedimento pelo qual o analista, com a participação do paciente, se este tiver alguma familiaridade com o tema, procura no seu arsenal de imagens uma parecida com a que intriga no sonho. A imagem é então amplificada, expandida, contextualizada pelo método comparativo, em que se penetra nos vários sistemas simbólicos, como o mitológico, o artístico, o religioso, o poético, o alquímico (este particularmente valorizado por Jung). Então se alguém sonhou que pôs no fogão aceso uma panela cheia de excrementos, ele provavelmente pensará: "Que loucura, será que esse sonho diz que sou masoquista, que como merda, que estou desadaptado, que não amo a minha família, que estou mal com a minha função nutritiva?" O analista, aplicando a regra da amplificação, investiga: "Um momento, onde é que tomei conhecimento de uma imagem análoga de colocar fezes dentro de um recipiente e pôr no fogo para cozinhar?" Na alquimia uma das formas da matéria-prima é a desprezível merda. A alquimia preceitua que se você puser a matéria-prima dentro de uma panela sobre o fogo um processo de lenta transformação tem início. Não vou declarar que o sonho é alquímico, mas vou justapor essa imagem à do sonho e aí já contamos com uma base de reflexão que faz sentido. O aspecto incompreensível e bizarro, no plano pessoal, já não está isolado, mas assemelhado a uma fantasia do inconsciente coletivo. O paciente tem que olhar para a sua merda, tudo o que nele é sombrio, com o propósito de transformá-la. Foi a amplificação que deu lugar a essa ideia.

Símbolo: Uma Leitura Psíquica

Uma coisa é amplificação, que é um procedimento; outra é o símbolo, que é um conteúdo que se busca tornar inteligível. Jung dizia que um analista tem que procurar conhecimento em muitas áreas e uma delas é simbolismo, algo que não se para de aprender. Na minha experiência, estamos constantemente absorvendo material de elucidação simbólica. Acho que todo dia estou aprendendo alguma coisa na área do simbolismo, basta estar atento. Não é só lendo *O Ramo de Ouro* de James Frazer ou a coleção de ensaios de Gaston Bachelard sobre água, ar, fogo, terra, espaço, devaneio; ou estudando (que insensatez!) dicionários de símbolos. Esbarra-se a qualquer momento com objetos ou situações que podem se revestir de uma dimensão simbólica – é uma questão de modulação do pensamento e de observação. Pode-se aprender sozinho a entender o significado de símbolos.

Quando comecei a fazer análise, eu vinha com a cabeça feita pela universidade e queria aplicar o intelecto ao trabalho analítico. Está certo, a gente também trabalha com a cabeça. Ainda bem que ela mudou, porque senão eu teria me tornado um analista acadêmico. Mas naquela altura, eu achava que seria possível montar um fichário de símbolos por ordem alfabética, começando com Abacate e terminando em Zulu. Comecei o tal fichário, está guardado em algum canto de minhas estantes. Era assim: na ficha de abacate estava marcado número 1, página 80, número 2, página 140 e depois outra ficha listava os livros lidos, numerado de 1 a *n*. Se eu quisesse pesquisar "abacate" eu teria que localizar o tal livro, na página tal, os outros mais, juntar tudo, sintetizar, abstrair, e então eu teria elementos para entender o simbolismo dessa fruta. Isso era antes do surgimento dos computadores, no início dos anos 1970. Esse pretenso arquivo de Dr. Pardal, acabei percebendo, era a materialização de meus processos de arquivamento sistemático da memória. Felizmente dei-me conta de que minha mente é muito mais rápida e criativa do que o arquivo, e as fichas, dispensáveis, porque a mente arquiva por si mesma. Então deixei de escrever em fichas tudo o que aprendo, porque senão não vou fazer outra coisa e vou ficar escrevendo, escrevendo, num esforço sem fim.

Ao mesmo tempo, descobri outra coisa: quando você está sintonizado com a compreensão do simbolismo, o arquivo interno está sempre se refazendo e aí acontece algo muito animador. Na hora em que você está aflito remoendo o bendito sonho do abacate, aquilo que você precisa lembrar vem sozinho. Por isso dizem que os junguianos são místicos! Mas não há nada de extraordinário nisso, trata-se apenas do funcionamento natural da mente e da memória em estado de atenção. Se houver numa sessão um momento de conexão com o inconsciente, o que for necessário lembrar aparecerá para que o propósito – não o esforço – de compreender o sonho se realize.

É preciso arejar um pouco esse arquivo e saber que essa área é fundamental para o treino do analista. Assim como o pianista tem que treinar a agilidade dos dedos, o bailarino a da musculatura dos braços e pernas, o poeta a das palavras, nós temos que treinar a compreensão. Precisamos saber ler, não academicamente, mas psiquicamente, quer dizer, você vai vendo as coisas passarem por perto e conversarem com você. E tudo isso é um treino para o ofício, para aquela hora em que o que foi assimilado tem que funcionar para se poder lidar com o sofrimento alheio, não é para acumular erudição.

Alguns Sonhos Interpretados

Agora me veio à mente uma ilustração desse tópico do conhecimento simbólico. Um senhor me procurou para análise porque estava deprimido. Trata-se de um médico de muito valor que sempre trabalhou na área de saúde pública, tendo participado da elaboração de importantes políticas governamentais para a área. Dedicou-se a essa atividade durante os últimos trinta anos. Como estava severamente deprimido, achava que não valia nada e que ninguém nunca mais iria chamá-lo para trabalhar, já que se considerava carta fora do baralho. Sentia-se como alguém que literalmente perdera o valor. Enfrentava uma série de problemas familiares e financeiros que o faziam sofrer. Começamos a trabalhar e adotei com ele a atitude de valorizar enfaticamente seu saber acumulado, suas experiências e realizações, ouvindo de mim o que não era no momento capaz de se dizer a si mesmo. Como lhe contei que era formado em Ciências Sociais, muitas vezes começávamos a discutir ideias sobre saúde pública no Brasil. Entrávamos num diálogo e eu lhe solicitava que me expusesse suas ideias, o que lhe proporcionava um certo aquecimento emocional. Eu estava mantendo viva, para ele, uma função que ele havia perdido, a de estimar-se. Assim fomos prosseguindo, até que um dia ele teve o seguinte sonho: estava numa casa, que não era a sua mas na qual agora morava. A casa estava muito desarrumada, tinha cômodos fechados e muita coisa para ser consertada; a porta dos fundos estava arrebentada e de noite entravam mendigos que lá iam dormir. Ele sabia que tinha que arrumar essa casa – até aí eu havia entendido todo o simbolismo da casa como um retrato de sua própria situação psíquica, mas o importante é o que vem em seguida. Ele vai ao banheiro e quando olha na privada, dentro dela vê uma tartaruguinha e pensa: "Tenho que dar a descarga" – e então acorda. Sempre fui interessado pelo simbolismo da tartaruga. Se eu não soubesse nada a respeito, não perceberia que esse homem estava a ponto de desistir de tudo, se desse a descarga. A tartaruga naquele contexto era um símbolo do *Self*.

Em que se baseia esse simbolismo? Aí é que entra a parte que o analista tem que saber. Na China antiga o casco da tartaruga, com sua composição de hexágonos, era considerado um oráculo e havia intérpretes que, estudando-o, faziam previsões ou o interpretavam de modo análogo ao I Ching. Os oráculos com entranhas ou partes de animais são anteriores aos baseados em grafismos. A tartaruga simboliza longevidade, introversão e um tipo de sabedoria silenciosa que não é aprendida, portanto é distinta da inteligência do ego, é uma sabedoria em estado inconsciente. Ela simboliza a espera da manifestação de um valor oculto, que às vezes se introverte a tal ponto que se torna indetectável por estar fechado sobre si mesmo. Na alquimia há imagens em que uma série de objetos simbólicos, uma caveira, um vaso alquímico, uma tocha com fogo, por exemplo, está empilhada sobre o casco de uma tartaruga, que, apoiada em suas patas, constitui o símile da base segura do processo de transmutação da matéria bruta. Na mitologia do hinduísmo há uma famosa imagem na qual o eixo do mundo se apoia sobre o casco de uma tartaruga marinha; nesse eixo o deus criador Vishnu enrola uma serpente com a qual, puxando-a pelas duas extremidades, provoca na água do mar um movimento rotatório do qual tudo se origina. Se eu não soubesse absolutamente nada a respeito da tartaruga não ficaria mobilizado pelo sonho. Essas amplificações, que aqui reproduzo sem muita precisão, rapidamente engatilharam-se em minha mente numa típica reação contratransferencial, ou seja: eu pensava por ele, eu tentava entender o que o sonho raciocinava por ele, mentalmente imobilizado pela depressão. Minha mobilização psíquica era exatamente aquilo que não acontecia nele, pois ele estava aplastado por seu estado autodepreciativo. Como achava que nada se manifestaria em sua psique que lhe mostrasse algum caminho, era em mim que o símbolo agia. Comecei a tatear, procurando palavras plausíveis para lhe dizer: "A casa está de fato toda desarranjada, mas e essa tartaruga na latrina? Olhe, sei que você está deprimido e que perdeu qualquer reconhecimento de seu próprio valor. Mas esse contato pode ser retomado e esse quadro pode mudar". E mencionei alguma coisa simples a respeito de a tartaruga simbolizar um valor que não devia ser mandado esgoto a baixo. Duas sessões depois ele interrompeu a terapia, dizendo que não podia gastar dinheiro, que não queria mais e parou. Não fiz nenhum esforço para retê-lo, por considerar que talvez assim devesse ser. Passa-se algum tempo e certo dia leio no jornal que ele havia sido convidado para ocupar um cargo de destaque no Ministério da Saúde, que aceitou, retomando suas atividades. Para mim, quando li essa notícia, esse desenvolvimento estava prefigurado naquela imagem da tartaruga que podia ir embora na privada, se ele desse a descarga.

Há portanto situações em que a compreensão de um símbolo estrategicamente inserido numa sequência onírica fornece uma pista para o aprofundamento da reflexão do terapeuta, que assim consegue tocar, como uma agulha de acupuntura, um ponto onde jaz aprisionada pelos pensamentos uma energia renovadora para a vida do paciente.

É fácil fazer isso? Não é. Dá certo sempre? Não, nem sempre. Tem seus riscos? Tem seus riscos. Pode-se errar na leitura simbólica, pode-

-se exagerar, pode-se acreditar estar vendo ouro onde na verdade só há chumbo. Então não estamos no terreno das garantias, mas no ofício suado, ou seja; trabalhar, ver, sentir, analisar. Nada vem fácil. Quando se está habituado a lidar com simbolismo certas luzes se acendem. Quando ouço sonhos em que aparece um rio, uma árvore, uma ponte, uma criança pequena, certos animais, ouro, pedras preciosas, uma luz, grandes fenômenos da natureza, a união dos opostos em qualquer das suas formas, certos órgãos do corpo, certas figuras ou cenas históricas, sei na hora que algum conteúdo relevante está tentando abrir caminho até a consciência. Aí tenho que me segurar para não pôr o carro adiante dos bois, para não entrar no estado de entusiasmo. Ponho os pés no chão, converso comigo mesmo: "Espera, vamos ver se é o caso, vamos devagar, olha pelo avesso...". Conforme a conclusão a que chegue, exponho para o paciente o que refleti a partir da instigação provocada pelo símbolo. O rumo que a análise tomará pode depender desse momento.

Vou dar outro exemplo. Vou relatar-lhes os sonhos de dois homens nos seus trinta e cinco anos, que se defrontam com uma crise de crescimento, ou seja, a temida entrada num novo modo de funcionar. Ambos sentem a dificuldade desse passo e têm medo do que vem pela frente. Discutimos a situação deles e aguardamos os comentários que eventualmente seus sonhos pudessem oferecer para trabalhar esse processo.

O primeiro homem está adaptado, trabalha, tem uma família e procura ocupar seu lugar profissional na sociedade; seu caso não é extremo, mas isso não o exime de sofrer e debater-se com problemas íntimos. Seu sonho: ele está sentado em meio a um grupo composto por mineradores, todos bandidos, e ele tem duas pepitas de ouro. Uma está no bolso da calça e a outra na sola do sapato, presa com uma fita adesiva e ele está conversando com esses mineradores. Daí ele cruza a perna desse jeito que nós homens cruzamos, em que a sola do sapato fica exposta, e encosta a perna na do bandido. Nesse momento, ele se dá conta de que o bandido vê a pepita na sola de seu calçado e a quer para si, caso contrário o bando não o deixará ir embora. Então ele pensa assim no sonho: "Vou entregar essa para poder salvar a outra". Ele tira a pepita de ouro da sola do sapato e diz: "De fato eu ia roubá-los, mas vocês me pegaram no pulo, tome aqui", sentindo-se muito esperto porque está indo embora com a outra escondida no bolso. E ele me conta esse sonho no seguinte tom: "Está vendo, não estou tão mal assim, estou sabendo escapar dos bandidos". Olhei para ele e disse: "Você se contenta só com a metade do seu valor". Ele perguntou o que eu queria dizer, e respondi: "Esse sonho está querendo dizer que você entrega para o bandido metade daquilo que você possui de valioso e você se contenta com isso. Que bandido é esse?" Aí é que está a questão: o paciente tem que entender que mecanismo é esse em seu íntimo que diminui seu senso de valor. É um complexo que come metade daquilo que ele vale e faz com que se sinta mal, apesar de achar-se esperto, não por não ter valor, mas por não integrá-lo na consciência e agir em consequência. Esperteza não seria bem o termo.

O que foi que me permitiu entrar nesse sonho dessa maneira? Foi ter associado o simbolismo da pepita de ouro ao da sola do sapato. A partir de então, o sonho clareou. A sola do sapato é a base sobre a qual nos assentamos, nos posicionamos, tomamos uma atitude. Segundo o sonho, essa base contém ouro, mas esse valor não está integrado, porque está preso com uma fita adesiva e, na verdade, ele o retira de lá e o repassa para sua *sombra*, uma parte sua que provavelmente maquina subterfúgios para não tomar posições. Há portanto um complexo atuando na região da *sombra*, que sua consciência desconhece, e não se pode prever quanto tempo passará até que o ego se posicione e atraia para si a energia de que está investido o complexo. Um sonho como esse permite que se faça um corte transversal no problema e se nomeie uma situação psíquica que o paciente não é capaz de elaborar, dizendo por exemplo: "Sei que tenho valor e capacidade, mas dentro de mim um mecanismo patológico subverte as coisas e acabo não conseguindo realizar nada". Evidentemente não é assim que ele fala, mas: "As coisas não dão certo, parece que há uma conspiração contra mim, os outros passam na minha frente e roubam as oportunidades que tanto busco etc.". Ele se vê e se sente assim, mas o sonho o vê por dentro, onde está o verdadeiro problema.

Um mês depois, esse mesmo paciente sonha que está lutando judô com uma mulher japonesa e, no meio da luta, ele sente atração erótica por ela e a luta acaba virando um jogo sensual entre ele e aquela contra quem devia lutar. Agora é preciso ter alguma noção do que Jung diz a respeito da *anima* na psicologia masculina, lembrando que para ele trata-se de um *fenômeno* e não de um nome apenas. Em resumo, e aqui me apoio em von Franz, "a *anima* é um sistema de expectativas que o homem tem em relação à mulher". Na palestra anterior referi-me à *anima* como mediadora entre o ego e o inconsciente, como o outro lado do funcionamento da consciência de um homem, o lado que ele não controla e que portanto exerce enorme poder sobre suas emoções e fantasias. A *anima* influencia o modo como um homem faz uma leitura de si e das mulheres que o rodeiam, nelas se projetando. O homem vê sua *anima*, o contraponto feminino de seu ego, nas mulheres, esperando que correspondam a uma imagem feminina com certas características que não pertencem necessariamente às mulheres reais. A confusão não é pouca, porque é muito difícil distinguir o que é a mulher e o que é a *anima*. Como se as mulheres estivessem eternamente saindo de nossas costelas.

Meu paciente está lutando judô com sua *anima*: confronto com a *anima*. O que é isso, trocado em miúdos? Esse indivíduo tem que acertar as contas e pôr ordem em toda uma área de emoção e erotismo que provavelmente não reconhece como realidade psíquica própria. E deve ter presente que, se é para incorporar aquela pepita que entrega para os bandidos (não sou eu quem o diz, mas a sequência do sonho anterior), o que tem a fazer agora é lutar com suas emoções inconscientes e vamos ver o que decorre desse confronto entre ego e emocionalidade. E o que acontece? Surge o erotismo. Então o trabalho com as próprias emoções é um trabalho que pode se tornar algo apaixonante. Sei disso porque conheço sua história, sei que há uma área na qual não consegue penetrar porque nela estão armazenadas vivências emocionais que lhe causaram dor, verdadeiras derrotas em sua vida. Então eu lhe digo: "Você precisa saber como a *anima* encarou as suas derrotas e a versão que lhes deu.

Enquanto você não descobrir o ponto de vista e o julgamento da *anima*, ou seja, o teor emocional que essas vivências tiveram, e que pode ser revisto, você não vai conseguir recuperar aquela pepita, aquela parte que está faltando; e isso deve ser feito no clima de Eros, como um gesto de amor por si mesmo". A análise também é uma briga erótica.

Na abertura do seu ensaio sobre a *Psicologia da Transferência*, Jung reproduz a epígrafe: *Bellica pax, vulnus dulce, suave malum*[2] (Uma paz belicosa, uma ferida doce, um mal suave). Isso é o trabalho psíquico e isso é a transferência. Quando esse paciente está lutando judô com a japonesa e ao mesmo tempo ele sente atração por ela, aí se encontra uma belíssima indicação de que entrou na trilha certa para trabalhar com a *anima*. Qual é minha atitude? Não vou ser o juiz dessa luta, mas o espectador que torce e o incentiva a dar uma gravata nas emoções que o fizeram sentir-se cronicamente derrotado.

Passam-se quinze dias, e agora ele sonha que está lutando com um psicopata que o ofendeu. O problema extrapola a esfera da *anima*, da emocionalidade negativa. A autopercepção expressa no sonho – não no discurso do ego – usa um termo pesado para qualificar o autoengano como um ato intrinsecamente imoral e lesivo à consciência. O que vou observar agora? Que o caminho avança: do bandido, a quem o paciente pretendia enganar, passamos para o psicopata, com quem luta. O confronto está instalado, o ego assumiu uma posição frente à negatividade inconsciente. E assim a terapia prossegue.

Animus/Anima

Perguntam-me por que Jung debruçou-se mais sobre a figura da *anima* do que de sua contraparte na psicologia feminina, que denominou *animus*, espírito. É por ter julgado que nesse assunto as mulheres é que deviam tomar a palavra. Nossa colega e amiga Fabíola da Luz escreveu

2. Epígrafe de *A Psicologia da Transferência*, em *A Prática da Psicoterapia*, vol. XVI das *Obras Completas*.

um trabalho precioso sobre o *animus* baseado numa leitura do livro bíblico de Tobias[3], em que analisa o desenvolvimento do *animus* e a conscientização de sua existência, por parte da mulher, como um forte fator de estruturação do ego. A questão do *animus* sempre deu margem a muita discussão. As feministas acusaram Jung de apresentar uma imagem elevada da *anima* e outra muito negativa do *animus*. Não concordo com essa crítica. Jung postula a isonomia entre essas duas instâncias arquetípicas. São estruturas paralelas, cada qual regendo uma esfera própria. Há uma certa tendência de se referir ambos os fenômenos à mesma pessoa, mas esse não foi o pensamento de Jung.

O que Jung entendia é que a mulher carrega dentro de si um companheiro que, numa fase inicial e menos consciente de sua vida, pode atordoá-la com uma torrente de autocríticas e opiniões rígidas, avessas ao teste do contraditório; numa fase subsequente, depois de observado e reconhecido em sua influência, esse interlocutor interno pode levá-la a territórios cada vez mais elevados da reflexão que, em última instância, é o da compreensão espiritual da vida psíquica. *O arquétipo do* animus *é portanto, para a mulher, o arquétipo do conhecimento da verdade psíquica.* Acho essa uma colocação inovadora. E para o homem, *o arquétipo da* anima *é o que lhe permite o conhecimento da verdade amorosa.* Por que ele diz isso para o homem? Porque a psicologia feminina é mais apta a captar a realidade desse sentimento.

Mais Sonhos

Agora o segundo exemplo. Trata-se de um homem na mesma faixa de idade do anterior e com uma problemática parecida. Um sonho seu que me pareceu muito significativo exemplifica um tipo simples de simbolismo. Eis o relato: ele está andando de Kombi na rua do bairro onde passou a infância. De repente a rua acaba e a Kombi não pode continuar. A rua acaba como se o chão tivesse terminado, então

3. *A História de Tobias – Um Estudo sobre o* Animus *e o Pai*, São Paulo, Escuta, 1998.

a Kombi cai num plano mais baixo, que é outra rua; aí ele bate nos outros carros e fica preso dentro de seu veículo, achando que não tem saída. De repente ele percebe que na Kombi há uma saída de emergência, bastando deslocar o para-brisa. Ele sai por essa abertura levando consigo uma bicicleta. O que esse paciente diz é que não vê saída para a situação em que se encontra, que sua vida chegou ao ponto que chegou e não há mais remédio, que tem um emprego que abomina, que está vivendo uma vida que detesta, e que não consegue imaginar como tudo isso poderia mudar. No plano consciente ele diz: "Não tem saída". E esse sonho está evidentemente comentando algo a esse respeito. De que nos fala esse sonho? Primeiro de uma Kombi; uma rua que acaba; uma mudança de nível; a descoberta (aí está a surpresa) de uma saída e, depois, a bicicleta. Símbolos. Se você tiver algum acesso a essa linguagem é possível traduzir esse sonho em termos que a consciência entenda. O que se pode dizer? Bom, há algo que ele faz que já se esgotou. Passo então a falar no seguinte estilo: o jeito de se sentir Kombi na vida e ficar funcionando do mesmo modo desde a infância está esgotado. O que é uma Kombi? É uma coisa pesadona, antiquada – ela é útil, mas não tem graça nenhuma. Serve para carregar volumes pesados, para trabalhar, mas não tem o mínimo charme, dificulta a visão externa, é um trambolho, um veículo antiquado que não se modernizou.

Esse homem estava se sentindo sem graça, sem o menor atrativo pessoal, achava que as mulheres não viam nele nada que valesse a pena, ele também não via em si nada que prestasse, estava um pouco gordo, era uma Kombi personificada. Agora, o que diz o sonho? "Sai desse nível que já se esgotou e entra em outro." Ao mudar de nível ele tem um choque, acha que agora vai ser pior ainda (o medo de mudar), porque diz: "Bom, esgotou, mas se eu mudar vai ser pior ainda". É uma imagem de medo, porque no sonho a Kombi bate nos outros carros. Então parece que é um grande desastre, que agora vai ter sangue, vai ter morte, vai ter não sei o quê e que ele vai ficar preso dentro dessa nova e infeliz situação, ainda pior do que antes. Não tem saída. Mas o que acontece no sonho nesse ponto? Ele descobre uma saída de emergência. Isso significa que a saída já existe, ou que ele pode vir a descobri-la. Penso: "É possível achar uma saída, ela ainda não aconteceu mas está constelada, ou seja, a trama inconsciente armou a possibilidade de uma saída". Se a trama inconsciente não a tivesse armado, de nada adiantaria o terapeuta suar a camisa e tentar fazer as melhores interpretações do mundo, porque não passariam de meras palavras. A interpretação é *apenas* um instrumento para captar o que está acontecendo no inconsciente. A ação está aí. Enquanto o inconsciente não engendrar o arquétipo da saída, que nada mais é que uma ordenação do pensamento atrelado a uma nova possibilidade de agir, não tem saída mesmo. Pode haver conselho, conversa, encorajamento, sugestão, mas não tem saída efetiva. Então aqui vejo: o arquétipo da saída, que remonta ao passado animal diante da emboscada do predador, ou seja, a possibilidade de fugir e escapar salvando a vida, aqui aparece de maneira prosaica, mas, se quisermos amplificar, chegaremos aos labirintos cuja saída é um desafio à astúcia e à coragem, ou às cavernas com corredores e passagens que parecem nunca mais se abrirem para a luz.

Foi ele mesmo, no sonho, que percebeu que havia uma saída de emergência. Isso significa que esse indivíduo pode usar os pequenos recursos de que dispõe para redirecionar seus pensamentos. Qual é a atitude do terapeuta? É fazer o paciente pensar, porque, como a saída está constelada, se ele pensar de uma forma nova será capaz de chegar a uma situação diferente. E a bicicleta?

Vejam, então, a progressão das imagens: Kombi na rua do passado que se esgotou, mudança de nível, aparece a saída de emergência e então a bicicleta, ou seja: ele não vai mais andar de Kombi, mas vai pedalar. O que é a bicicleta? É a força própria, ele tem que transformar a própria energia em dinamismo motor. E a bicicleta não precisa de rua, faz-se o caminho conforme o terreno e o rumo. Portanto, aqui já entramos num campo mercurial, de transformações. Não é preciso uma avenida. O paciente talvez diga: "Só posso mudar minha vida se tudo estiver bem definido e traçado na minha frente". Não, a bicicleta sintetiza a energia necessária para que ele consiga fazer um ziguezague conforme as demandas de suas circunstâncias.

Não será isso um mero otimismo do terapeuta? Quando é que sei que caí nesse estado? Tenho que analisar, tenho que checar. Então vou observar como o paciente está, pode ser que na sessão seguinte ele esteja pior do que na anterior, pode ser que durante um mês ele fique mal, ou durante três meses. A checagem não é assim imediata, na sessão seguinte. Tenho que saber como é que avalio o processo em curso e uma das maneiras de fazê-lo é observar o sonho seguinte.

O próximo sonho: ele está num barquinho no mar e nesse barco há um aparelho de sonar, que lança pulsos de onda para medir a profundidade e detectar o que há lá no fundo. Esse sonar está ligado a uma maquininha que faz um gráfico no papel, que ele observa. Aí começa a aparecer uma indicação no gráfico de que lá no fundo do mar há um cardume de baleias. Ele fica olhando o gráfico. Depois ele está fora do barco e alguém enfia sua cabeça na água, ele sente que aquilo é um afogamento e levanta a cabeça.

Qual é a estrutura do sonho? Temos o sonhador e esse "alguém" que tenta afogá-lo, o mar, o barco no qual se encontra, esse aparelho que permite a visão do fundo; ele olha para o gráfico e fica sabendo que lá se encontra um cardume de baleias. Essa é a primeira parte do sonho. Na segunda é que alguém enfia sua cabeça na água, ele sente que é um afogamento e a levanta.

Qual é o elemento mais importante desse sonho? O sonhador num barquinho no mar é uma coisa e a baleia é outra. Voltemos à questão da necessidade de se saber algo sobre simbolismo. Se você não souber nada a respeito da baleia, pode mecanicamente dizer que a baleia é a mãe dele, que não é o que digo. Em certos contextos, a baleia pode ser um símbolo materno, mas depende da presença de fatores diferenciais. Jung usou muito essa imagem de uma pessoa num barquinho no mar. Lembram-se? Jung dizia assim (cito a meu modo): "Vocês querem um retrato, sem retoques, da precariedade do ego face ao inconsciente? É como você estar no mar, num bote. Isso é o ego. O inconsciente é o oceano e você está numa frágil casquinha de noz, e se tiver sorte você atravessará a vida, em cima dessa casquinha, sem afundar". Se o barco virar, a pessoa perdeu a base, por exemplo num surto psicótico. Quem conseguir nadar, mergulhar, debater-se, sair das águas e voltar para o barquinho, retoma a posição em que se navega sobre as grandes forças do inconsciente. E aí: que cada um faça a sua viagem do jeito que conseguir, pois a verdade é essa: nós não estamos em cima de terra, mas flutuando sobre um oceano inescrutável. O que significa isso? Não sabemos medir, nem ver diretamente, o que jaz no fundo do inconsciente coletivo, cujo melhor símbolo é o mar.

Jung nos diz que há muitos conteúdos que vêm à tona em diferentes momentos da História; num certo período um conteúdo emerge e é assimilado pela consciência; posteriormente, outro. Na visão junguiana, esse fenômeno é responsável pelas grandes mudanças de valores e de mentalidade em certos períodos históricos, precedendo as mudanças socioeconômicas e políticas, que justamente decorreriam, sem delas ter sido a causa primeira, da aparição de novos conteúdos no campo da consciência coletiva. O mar é um elemento perfeito para receber a projeção de algo profundo e desconhecido, porque observando-o só se pode ver sua superfície ondulada ou espelhada. Desde que o homem é homem o mar recebeu essa projeção e até hoje ainda recebe. Os dois grandes elementos, o mar e o céu, desde o Paleolítico, abrigam *mythos*, a fantasia religiosa projetiva.

Lá está então meu paciente levando sua vidinha de ego sobre o mar. E o sonar? Vejam, é esse sonar que permite saber que existem baleias. Então, o que digo a ele? Só podemos saber das baleias indiretamente, não as vemos. O sonho portanto diz ao ego consciente que no inconsciente dele há vida, há força, há algo representado por um símbolo, e ele só pode saber que essas coisas existem indiretamente, através do sonar e seu gráfico, que é a análise. Mas é preciso que eu saiba dizer-lhe o que são essas baleias, senão ele não fará conexão alguma, pensando que não tem nada a ver com elas, que não são um problema seu – quando na verdade são a saída que procura, em nível mais profundo do que a saída da Kombi em que ficou preso.

Como mencionei na palestra precedente, é preciso conhecer certas peculiaridades da vida animal para poder entender como se tornaram matéria simbólica. As baleias, ao lado dos cães e gatos, serpentes, peixes, pássaros, cavalos, morcegos, lobos ou sapos – na verdade, a rigor, a fauna como um todo – receberam projeções de todos os tipos por parte do ser humano, como se fossem espelhos. Uma questão muito séria, que levou a ações predatórias e destrutivas de longo alcance, são as projeções negativas que recaíram sobre certos animais. Da lista acima, separemos a baleia, o gato, a serpente, o morcego, o lobo e o sapo. O homem sempre projetou maldade na baleia, periculosidade, instinto assassino. Lembremo-nos de *Moby Dick*. Essas características não são da essência da baleia, mas do ser humano. Sempre houve uma gana exterminadora com relação às baleias e ainda hoje, apesar dos avanços do estudo do comportamento animal, é pouco o que se sabe a respeito delas – ou das tartarugas! Elas têm um modo de funcionar que a ciência não explica ainda. Algumas espécies migram seguindo sempre a mesma rota, do Hemisfério Norte até o Sul, nadam sem parar e finalmente chegam à mesma praia onde procriam e onde nasceram. Todo ano elas vão e voltam, orientadas como? Ninguém sabe explicar. Sabe-se que são capazes de emitir sons de uma certa frequência que se propagam pela água e transmitem informações. Teriam elas uma linguagem? Orientam-se pela posição do sol e das estrelas, pelas correntes marítimas? Parece que se comunicam cantando! O que é que a baleia pode representar? A baleia representa o *Self*, um núcleo de funcionamento do ser humano do qual só temos uma pálida ideia, dotado de recursos que o ego não compreende e com o qual mantém uma relação extremamente pobre, porque projeta fantasias, o tudo, ou o nada, sobre essa instância que mantém o barco sobre a água.

Vi um filme do explorador marítimo Jacques Cousteau que nunca vou esquecer. Pela primeira vez, com uma câmara subaquática, um mergulhador filmou aquela baleia de trinta e cinco metros de comprimento, a maior de todas. Nas primeiras cenas vê-se apenas uma água turva e de repente começa a aparecer um vulto enorme que parece um submarino se aproximando. O mergulhador sentiu muito medo (como posteriormente relatou). Ele fica absolutamente imóvel e aquele animal imenso se achega e roça seu corpo, como que fazendo um carinho. A baleia viu o mergulhador e quis fazer um contato, tocando-o levemente. Filmes como esse ensinam muito sobre projeções negativas e letais.

Mencionei o filme para o paciente que, claro, sendo bem informado, já sabia disso. Usei então palavras do seguinte tipo:

> Olhe, nesse seu sonho estamos vendo que certas coisas, digamos "energias", ou "senso de orientação" que você não conhece e nega, mesmo assim existem. O sonar comprova que existem. Então, você está recebendo uma informação indireta provinda de um nível profundo seu. Não adianta pôr a cabeça na água e querer olhar direto, porque você se afoga. Você não pode olhar para o inconsciente diretamente, como quem toma LSD para conhecer "a realidade". Fazer isso equivale a um afogamento, porque a terra e o mar, o consciente e o inconsciente são dois mundos. Não podemos penetrar no inconsciente diretamente. Então temos que aprender o que é o sonar, que é a coisa intermediária.

E prossegui:

> As fantasias indicam que existe alguma coisa no interior de uma pessoa. Esse sonar pode ser como um captador de fantasias.

Por exemplo, alguém insatisfeito com seu emprego acha que não vai conseguir nada melhor; mas, se souber entrar na esfera da fantasia, de repente pode pescar alguma inspiração que vem direto do inconsciente, como o peixe vem do mar. Isso seria o sonar, utilizado para fins práticos.

O paciente estava deprimido quando entrou no consultório, mas disse que estava bem quando saiu. Por que agora ele se sente bem? Porque, através dessa sessão, de alguma maneira, ele entrou em contato com aquela parte sua representada pela baleia. Como terapeuta, sei que às vezes é possível propiciar essa conexão, outras vezes não. É essa história que me cabe acompanhar, exercendo o ofício e roendo seus ossos.

Sonho e Interpretação, Ainda

Depois daquele sonho que acabamos de comentar, o paciente teve outro: ele estava numa rua onde havia um tumulto, operários do sindicato fazendo uma greve, movimento de transeuntes, polícia, corre-corre. Ele vê essa cena, fica com medo e quer se proteger. Atrás dele há uma porta, daquelas de aço ondulado, que está abaixada; ele a força porque quer refugiar-se atrás dela. Tenta levantá-la mas não consegue; a porta está trancada. Então ele não pode se proteger do tal tumulto de rua. Daí ele diz que não dava para ver o tumulto, mas que este estava ocorrendo. E aí o que acontece? Aparecem dois amigos seus, ficando um de cada lado. Ele dá a mão para um e para o outro, e assim fica entre ambos. Ele diz que "parecia uma corrente de salvamento. Sabe quando alguém vai se afogar no mar, um dá a mão para o outro, para o outro, para o outro, até chegar lá? Então, nós estávamos assim". Este é o sonho.

Bom, regra elementar: você pergunta quem são esses dois amigos, como eles são. Porque você estará supondo que esses dois amigos representem aspectos do sonhador, aos quais ele tem que dar a mão. O sonho diz que não é para ele se esconder atrás da porta, mas ficar na rua. Existe tumulto ou não? Será que não é o medo que só existe em sua mente? O sonho parece indicar: *não introverter, não se esconder atrás de nada,* não ficar dentro de uma toca, não ficar fechado dentro de casa e de si, mas assumir sua presença no mundo.

Quem são esses amigos? São colegas de profissão e mencionei anteriormente que ele está insatisfeito com seu trabalho. Qual é uma característica desses amigos? Em que diferem do sonhador? Ele respondeu: "Gosto muito de um deles, porque é muito sensível". Eu pergunto em que sentido. "Ele fala das coisas que sente." E o outro? "É uma pessoa muito inteligente, que se destaca, porque sempre que há uma reunião ele fala e expõe suas opiniões." Vocês entenderam, não é? O sonho está dizendo: meu amigo, assuma a sua sensibilidade e sua inteligência e vá para a rua, para o mercado, vá batalhar, vá se posicionar, porque se você quer chegar a algum lugar será por essa via, e não se escondendo. Ou seja, o sonho prescreve extroversão para o introvertido deprimido.

Quando se enfrenta uma situação dessas é preciso ter uma atitude terapêutica clara. Se esse paciente quiser refugiar-se na depressão, argumentarei com seu próprio sonho, explicando que ele corre o risco de perder o caminho. Em seu caso, a depressão seria realmente uma escolha defensiva para não ter que enfrentar os desafios da vida. Já outro paciente, com uma configuração distinta ou vivendo um processo diverso, talvez tenha que entrar em depressão e viver essa dolorosa experiência, que no entanto pode promover um aprofundamento da psique. Há uma certa clínica em São Paulo na qual um paciente que estava abusando de cocaína foi internado; quando fui visitá-lo, reclamou: "Esta clínica está me deixando deprimido". Ao que respondi: "Mas é exatamente do que você precisa". Ele estava num estado maníaco causado pelo consumo abusivo de cocaína, ou seja, sua única saída seria a depressão, a necessária e rigorosa introversão, o olhar para seu interior em silêncio, para contrabalançar a atitude extrovertida excessiva que o empurrava cada vez mais para o mundo externo e suas loucuras. Mas ele conseguiu uma licença psiquiátrica, foi correndo em busca do que necessitava e nunca mais voltou – nem para a clínica, nem para a análise.

Transferência

Consideremos agora alguns sonhos que aludem à transferência. O já mencionado ensaio de Jung sobre a *Psicologia da Transferência* não é fácil de ler. É seu único texto publicado sobre o assunto, e nele o autor vai até o fundo da questão. Quem se propõe a praticar a análise na tradição junguiana deve estudar atentamente esse texto. Para Jung a transferência é o alfa e o ômega da terapia, mas não uma panaceia. Para um paciente, trabalhar a transferência com todas as suas explicitações é um remédio e para outro é um veneno. O terapeuta deve saber quando convém abordá-la explicitamente e quando não. Uma análise pode perfeitamente dispensar o discurso focado na transferência, embora ela sempre exista – a questão é saber se ela deve ser tratada sempre da mesma maneira. Jung, como é sabido, discorda da linha freudiana segundo a qual a interpretação da transferência é condição *sine qua non* da análise, ou seja, conviria incentivá-la, provocá-la e interpretá-la para finalmente dissolvê-la. A maneira junguiana de trabalhar a transferência é radicalmente distinta da maneira freudiana. No ensaio a que aludi, Jung diz, textualmente, que não o escreveu para principiantes, mas para pessoas com suficiente experiência do assunto. Considera provisórias suas observações e enfatiza que é preciso muito, muito estudo nessa área. Na abertura, como já mencionei, ele parafraseia os alquimistas e declara em epígrafe que a transferência é uma *paz belicosa, uma ferida doce, um mal suave.*

O procedimento de Jung é o seguinte: ele escolheu um texto alquímico, onde há uma série de gravuras, e considerou que essas gravuras representavam aquilo que acontece no fenômeno da transferência. Então ele passa a analisar cada uma dessas imagens, algo que reproduzir aqui nos levaria longe demais.

Outro livro que também gostaria de lhes recomendar é de Marie-Louise von Franz, e se chama *Psychotherapy*. Trata-se de uma coleção de escritos que estavam esparsos em várias revistas. Esse livro é muito importante porque trata de assuntos como: a função inferior, a imaginação ativa, a dimensão religiosa da análise, a atitude religiosa ou mágica com relação ao inconsciente, alguns aspectos da transferência, projeção, psicologia de grupo, a visão de Jung sobre as drogas etc. Com relação à transferência, surpreendentemente e a despeito de sua inquestionável autoridade intelectual como exegeta de Jung, Marie-Louise von Franz declara-se insuficientemente qualificada para pronunciar-se sobre os aspectos mais profundos do fenômeno, uma vez que o próprio Jung, quando terminou sua última grande obra, *Mysterium Coniunctionis,* afirmou não ter esgotado o assunto mas ter ido até onde conseguiu chegar, havendo ainda muito a ser dito sobre esse complexo tema.

Na Psicologia Junguiana, para tratar de transferência, há antes de tudo uma atitude de respeito e de uma certa humildade com relação ao tema, tanto por parte de Jung como de von Franz. No entanto, em algumas escolas junguianas, como por exemplo a de Londres, não é essa a atitude adotada, pois seus adeptos postulam que é preciso trabalhar exaustivamente a transferência. Von Franz declara textualmente, nesse artigo, não concordar com a posição assumida pela Escola de Londres. Vê-se portanto que o assunto é polêmico mesmo no interior da comunidade junguiana internacional, não há unanimidade. Isso é bom ou ruim? Repito, isso é uma questão de escolha de atitude e de orientação teórica.

A transferência, diz von Franz, se instala na primeira fase do processo e o analista deve aceitar aquilo que foi transferido sobre ele e desempenhar um pouco aquele determinado papel, pois essa é uma necessidade do paciente. Muitas vezes constela-se uma transferência materna, especialmente se a analista for mãe. Mas eu já recebi muita projeção materna, no caso de pacientes que precisam ser cuidados, precisam sentir que são amados, da maneira como são. Há de sua parte uma urgente necessidade de ter a vivência de um sentimento ou atitude provindos do âmbito materno e, nessa linha de trabalho, não é o caso de você chegar para o paciente e começar de imediato a desmontar esse complexo. Não, vive-se com ele ou ela essa situação durante algum tempo. Atuando a partir do arquétipo materno, você o ajuda a crescer, você o nutre, dirige a ele seu olhar e sua energia, até chegar num ponto em que será fundamental começar a desmanchar essa projeção, porque, é bom sempre lembrar, toda transferência é uma forma de projeção. Chegará o momento em que o analista deve dizer: "Já é hora de você mesmo cuidar de seu crescimento e pegar nas próprias mãos isso tudo que tenho carregado por você". Esse momento deve ser avaliado com extrema precisão.

Agora, o fundamental, já que vou ter que resumir aqui algo vasto e profundo, ou seja, a diferença entre a postura junguiana e a freudiana, é que, no primeiro caso, *a transferência envolve uma dimensão arquetípica* e não apenas uma dimensão pessoal. Quer dizer: numa sala temos duas pessoas entabulando um relacionamento íntimo e uma está inconscientemente projetando algo sobre a outra, mas a questão transcende a ambas e é maior do que a equação pessoal que a ambas envolve. Ora, isso não é nada fácil de elucidar, para não dizer dissecar. O que Jung pede é que se tenha em mente sempre que o que está em jogo pode ter uma dimensão e um significado insuspeitados.

O que está em jogo na transferência é muitas vezes a questão do amor. Atração física, vontade de ter uma relação conjugal, vontade de ter uma experiência concreta. Isso é o que pode parecer, isso é o que pode ser sentido, até de maneira dolorosa, pelo paciente homem ou mulher (a combinação dos sexos aí não importa), porque muitas vezes o que tem que ser trabalhado é a frustração ou é a elucidação do que sente um e do que sente o outro. É uma experiência pessoal, mas se tivermos em mente que esse fenômeno tem uma dimensão arquetípica, o que está em jogo não é o amor de um por outro, é a questão do Amor com *a* maiúsculo, e pode ser que o paciente – e o analista também – só comece a ter contato verdadeiro com uma dimensão até então desconhecida do amor, pela primeira vez, ali dentro daquela sala. Então se esse trabalho com a transferência não andar bem, essa experiência iniciática é abortada.

Jung se refere com extrema sensibilidade a essa questão numa carta escrita em 1941 para uma americana chamada Mary Mellon, que fez análise com ele e ficou apaixonada[4]. É muito tocante essa carta, já a li várias vezes. Jung tenta explicar para uma mulher que está apaixonada por ele que o grande objetivo não é que ele corresponda àquela paixão, mas que ambos se deem conta de que é uma coisa muito grande dentro de um vaso pequeno. Então é preciso ampliar aquele vaso, para que ambos possam crescer interiormente. Ele diz que, no caso da relação deles, o que estava em jogo era o mistério da conjunção. Ou seja, aquilo que podia unificar-se no âmago de cada um em consequência da relação que tinham. São palavras de Jung, dirigidas a ela:

> Esse amor não é transferência e não é uma simpatia ou uma amizade no sentido ordinário, é algo mais primitivo, mais primevo e mais espiritual do que qualquer coisa que se possa descrever. [...] Aí não há distância, mas uma presença imediata, é um segredo eterno.

4. Carta de 18 de abril de 1941. *C. G. Jung Letters*, Princeton University Press, 1973, vol. 1, pp. 297-299.

O que ele quis transmitir para Mary Mellon é que, se suportasse a frustração, ela acabaria sentindo dentro de si a abertura de uma dimensão para ela ainda desconhecida.

Então, vejam, se você reduz o que está acontecendo entre o par analítico a uma dimensão apenas pessoal e ignorar a arquetípica, você perde o grande e fica com o pequeno. Essa é uma discussão muito importante. Não existe esse diálogo entre junguianos e psicanalistas para debater essa questão. Para Jung o *hierosgamos* (em grego, o casamento divino, a união de deus e deusa) é o mais apto símbolo da transferência porque alguma coisa numa pessoa e na outra quer se unir. É o mistério da individuação mútua. Vocês já pensaram nisso? Num casamento ou numa terapia pode estar ocorrendo um processo de individuação mútua, ou seja, o processo de um afeta o processo do outro. Este processo não pode ser reduzido e resolvido num plano rasteiro e literal, porque nesse caso deixa-se de compreender e interrompe-se um desenvolvimento psíquico que pode ir muito fundo. Jung vê na base desse processo um casamento interior, o casamento ou unificação de fragmentos interiores que só pode ocorrer se houver amor. Esse processo de integração não pode chegar ao fim sem uma experiência de amor, porque só o amor nos coloca num estado no qual nos dispomos a arriscar tudo para atingir outro plano de funcionamento consciente, com menos divisões e conflitos internos. Jung diz que só por essa via é possível a vivência do *Self*.

Sonhos e Transferência

Uma paciente minha, que está, como todos os pacientes estão, lutando com as dificuldades de sua vida, com as infelicidades, os sofrimentos, os caminhos que não se abrem, as sensações todas advindas de uma neurose, sonhou o seguinte: ela se encontra numa sorveteria e vê dentro de um invólucro de plástico um cálice de rubi. Pensa então: "Será que é para eu pôr sorvete dentro desse cálice?" Ela não o faz, mas quando o toca com a língua, sente que é doce. Ela achou o sonho lindo, devido à exuberância da imagem do cálice de rubi – mas não basta achar lindo, é preciso alcançar um entendimento a respeito do que essa preciosa imagem encerra. Aí entra o conhecimento de simbolismo. O que é a sorveteria, o que é o sorvete, o que é o doce, o que é o vazio, o que é o rubi e o que é o cálice? O cálice é o lugar onde se juntam as substâncias. Esse sonho alude à transferência. A indicação é de que na psique da paciente já existe a possibilidade de se unificarem substâncias até então separadas. Por isso o cálice é precioso, vermelho como a paixão. Percebo a transferência sutilmente expressa através do sonho. No mundo interno dessa mulher há um cálice: da paixão, da transubstanciação, do Graal. Aqui estou amplificando, como é fácil perceber. É preciso conhecer esses cálices todos, especialmente seu *símile*, o vaso alquímico, receptáculo imaginário onde se juntam o feminino e o masculino, o material e o espiritual, o consciente e o inconsciente. O equivalente desses processos sutis de conjunção de opostos é a própria transferência. Mas eu sei onde estou pisando; a imagem do cálice me orienta e me ajuda e ter lucidez. Não temo essa transferência e não preciso me proteger interpondo anteparos, limites, distâncias, palavras explicativas, porque já está dito no sonho em que nível está o que é real e não ilusório. No começo da sessão, a paciente declarou que se sentia absolutamente vazia; e ela achou essa coisa preciosíssima, o cálice vazio. Achei muito importante ela não ter posto sorvete no cálice de rubi, porque seria incongruente usar uma joia como cone de sorvete. O sorvete é apenas um prazer sensorial. A doçura do rubi remete à ferida doce dos alquimistas, já mencionada. A transferência dói, mas é doce. O amor dentro da transferência faz sofrer mas, ao mesmo tempo, é terno. É um conflito exasperador; quem vive isso, sabe.

Vejamos agora a situação de outra paciente. Ela encontra em seu sonho a mim e a minha mulher, nos cumprimenta e nos abraça. Na cena seguinte estamos só eu e ela. Ela se despe e elogio sua beleza. Ela diz que está com celulite, eu não digo nada. Ela começa a preparar um ofurô para um banho com o analista. Na mesma noite ela sonha que teve dois filhos, nasceram dois bebês. Eu podia ouvir esse sonho e ficar apreensivo. Na obra de Jung, a que já fiz alusão, *Psicologia da Transfe-*

rência, há uma imagem[5] em que o rei e a rainha, nus, estão entrando numa espécie de banheira, chamada "fonte de mercúrio", para o banho alquímico transformador. Jung interpreta essa cena com referência ao par analítico, mergulhado no processo psíquico. Se interpretarmos essa imagem apenas no plano corpóreo, ou de satisfação de desejo, o verdadeiro sentido se esvai. Um desejo existe. Ela se desnuda, é apreciada e o detalhe da celulite é interessante, porque a celulite é um acréscimo, é como se ela estivesse dizendo: "Você está me vendo como sou, mas tem muita coisa aqui que não sou eu, são coisas com que fui me encobrindo". Ela começa a preparar o banho e o sonho deixa em suspenso se o analista vai ou não entrar no banho com ela.

Na sequência das imagens do mencionado livro de Jung, o casal entra no banho, e em seguida envolve-se num enlace sexual embaixo da água. Os dois estão imersos em território inconsciente. Depois dessa imersão amorosa eles adquirem asas, e na cena seguinte estão mortos. Dos cadáveres eleva-se a alma sob a forma de um passarinho. Cai a chuva. O casal renasce num só corpo com duas cabeças, uma de homem e outra de mulher. O final da história é a união dos opostos, simbolizada pelo hermafrodita alado. Se eu não conhecesse isso não poderia abordar a imagem do analista e da paciente entrando no banho e perceber que se baseia num arquétipo do inconsciente coletivo, o da união de opostos internos.

Para terminar, um sonho de transferência de um homem, que também é terapeuta e sonha que ele e eu temos uma clínica juntos, num terreno muito grande. Estou lá com ele na nossa clínica e lá está uma mulher que foi sua paciente, mas de quem eu é que tenho agora que cuidar. Ela veio lá para pagar a ele o que lhe devia pelo tratamento prévio e agora ela vai ser atendida por mim, na clínica conjunta. Esta mulher veste um *tailleur* "cor-de-gelo-porta-de-hospital" e seu rosto está todo pintado de branco, como o de uma atriz que ele viu uma vez representando a peça *Esperando Godot* (Eva Wilma). Esse é o sonho.

5. Trata-se da figura 4, inserida no parágrafo 454, *op. cit.*

O que vemos aqui? O analista está recebendo a tarefa de tratar da *anima* do paciente. Ele transfere para mim a continuação de uma tarefa que ele próprio completou até certo ponto, recebeu a recompensa, mas deixou a *anima* a meio caminho, toda formal trajando esse *tailleur* e ainda por cima com o rosto pintado de branco. Digo então: "Ela está desse jeito porque ela quer mostrar que não gostou muito do que você fez com ela". Como no próprio sonho ele lembrou da atriz, prossigo: "Talvez a sua *anima* tenha as características de uma atriz, no bom e no mau sentido, talvez tenha uma grande personalidade e precise de um palco para poder se expressar, mas está incrédula e desesperançada que isso venha a ocorrer, como em *Esperando Godot,* que é uma peça extremamente niilista, porque Godot, corruptela de *God*, nunca chega". Então sua *anima*, como boa atriz que é, revela sua faceta descrente de tudo. E foi transferida para o analista a tarefa de analisar essa *anima* para que revele por fim sua verdadeira face sem disfarces e comece seriamente a criar. Sabem o que aconteceu com esse paciente um tempo depois? Ele começou a escrever de um jeito como nunca havia feito antes, e dizia: "Não sei o que está acontecendo comigo, mas estou botando tal fúria para fora, que tenho medo do que estou escrevendo". Essa é a *anima* começando a se expressar. Na hora em que começou a estabelecer um contato diferente, a grande atriz entrou em cena, mas não está mais com o rosto pintado de branco e nem com aquele traje formal, porque despertou nele uma indignação reprimida associada a um certo episódio de sua vida. Aquela liberação emocional através da escrita era tudo o que a *anima* queria.

O Desafio Supremo

A transferência é o desafio supremo da análise. Não existe receita. Às vezes ela é uma carga pesadíssima, às vezes não pesa nada, em alguns casos atrapalha, em outros ajuda. Seja como for, em toda terapia o analista está carregando para o paciente algum aspecto que este não consegue integrar e que talvez ainda nem esteja manifesto. Então é inevitável que um faça algo pelo outro, represente algo para o outro. Não se trata evidentemente de dar conselhos ou resolver problemas práticos do paciente, tarefa esta mais adequada a uma terapia ocupacional. Na esfera psíquica, alguém precisa cuidar do que ainda não nasceu e essa é a tarefa do analista. Depois que veio à luz, começa-se cuidadosamente a entregar o bebê para a mãe. O trabalho mais importante é na realidade aquele feito com o feto, quando só o terapeuta tem condições de enxergar e valorizar aquilo que ainda não tem cara nem nome. Portanto, aceito sentimentos como dependência, gratidão, amor, cobrança, raiva, desejo de exclusividade e de atenção especial, por considerá-los como inevitáveis nessa fase de gestação. O grande teste para um analista é a hora que ele constata que consegue suportar o peso e a responsabilidade da transferência.

Às vezes uma questão transferencial, como vimos, é apontada por um sonho – então aborda-se diretamente o assunto. Caso contrário, o estilo junguiano, pelo menos segundo a Escola de Zurique, é de ir vivendo o processo sem falar exaustivamente dele. Deixa-se acontecer, observa-se. Se o paciente também for terapeuta, este igualmente observa; se quiser fazer uma pergunta o analista pode se abrir com toda a coragem e sinceridade. Mas não esmiuçamos a transferência, ficamos com a ferida doce.

Um Breve Relato

Termino com um relato que ouvi de meu analista, o Dr. Karl Heinrich Fierz, em meus tempos de Zurique. Jung era muito corajoso. Ele passou por uma situação crítica de transferência que teria apavorado a qualquer um de nós. Uma paciente *borderline* entrou numa transferência amorosa cada vez mais forte. Ela disse para Jung que uma voz lhe tinha declarado que o amor deles era abençoado por Deus e que iriam se casar. Jung jamais negou o que ela dizia, porque entendia que aquilo fazia parte de seu processo de cura. Ela delirava: "Bem, Dr. Jung, eu já marquei a data do nosso casamento". Ele perguntou quando seria. Ela respondeu que a data estava próxima. Mandou imprimir os convites com os nomes de ambos, o lugar e a data marcada. Comunicou que já estava preparando a cerimônia. Jung começou a ficar preocupado. Ele não sabia o que fazer, mas tinha entrado nessa história com tal convicção interior, que o seguinte aconteceu: a paciente de repente ouviu a voz de Deus, que peremptoriamente ordenava: "Desmanche esse casamento". Ela obedeceu a essa voz suprema, como havia feito com a outra, de muito menor peso, cancelou tudo e declarou: "Deus me elucidou". O fato de ter "ouvido a voz de Deus" teve um tremendo impacto regenerador sobre sua situação psicológica. Jung aceitou o delírio transferencial, acreditando que fazia parte de um processo maior e mais profundo de autorregulação.

Dez Anos Depois

Página 114: Jung fotografado por Tim Gidal em 1960 no canto de sua biblioteca em que recebia visitantes ou pacientes. Em *C. G. Jung Word and Image*, Aniela Jafé (ed.), Princeton University Press, 1979, p. 146.

Página 115: O mesmo lugar, a mesma mobília, o mesmo abajur, o mesmo quadro e os mesmos livros, depurados da presença de quem os tornou históricos. Foto de Roberto Gambini, 2002.

A Terapia como Ofício

Trinta Anos e Duas Poltronas

Se eu não tivesse passado um longo período de tempo sempre na presença de outra pessoa sentada na poltrona à minha frente, não teria havido de minha parte elaboração alguma que eu pudesse apresentar como merecedora de alguma atenção de um eventual leitor benevolente. E se tivesse passado apenas um ano, poderia ter havido uma reflexão, mas ela corresponderia a uma vivência breve. Essa longa lida, que a outros qualifica para uma aposentadoria, criou um campo de escuta, de fala, de busca, de reflexão, que foi pouco a pouco gerando ideias e observações. Isso jamais teria acontecido se eu tivesse ficado sozinho na minha mesa de trabalho, durante trinta anos, diante de uma montanha de livros, uma folha de papel ou uma tela de computador. Porque o que estou querendo apresentar aqui não é um produto intelectual, teórico, refinado e pesquisado solitariamente. O que quero apresentar é algo que jamais poderia ter sido feito na solidão, porque eu não teria o material, eu teria que inventar, ou rever a literatura, ou discutir teoria. Não foi assim.

O encontro de duas pessoas criou um campo gerador de material para reflexão sobre a vida – tanto a externa, factual e histórica, quanto o processo interior, paulatinamente narrado, que evoluía, involuía, parava numa encruzilhada, atingia variados estados de ser – o que também dizia respeito a mim enquanto pessoa e terapeuta. Quer dizer, eu não fui um agente constante e imutável durante trinta anos, deparando-me com alguém em estado mutante, mais estruturado, menos estruturado, mais falante, menos falante. Não, eu também, nesse processo, tinha a minha vida externa e interna afetadas por processos ou situações essencialmente análogos aos daquela pessoa sentada à minha frente. O que eu mantinha, como é função de qualquer terapeuta, era a mesma postura de estar no exercício de um papel, e fazer o trabalho que me cabia. Mas eu era um participante tão cambiável, tão sujeito a variáveis quanto o paciente. Nesse tempo todo passei por uma doença grave, atravessei períodos difíceis no plano pessoal, acumulei conquistas, sucessos, frustrações, perdas, aprendizagens.

O "Ofício" do Terapeuta

Nesse campo, que represento como uma pequena área de dois metros quadrados, onde se situam duas poltronas colocadas frente a frente – e que, a rigor, pode ser em qualquer lugar, contanto que haja um pouco de proteção e privacidade – naquele diminuto espaço geográfico ocorreram coisas de uma tal intensidade, de uma tal riqueza e com tantas incógnitas, com tantos fatos não explicados, que elas alimentaram uma reflexão constante e crescente. Certamente, cada paciente que entrou nesse processo e nesse espaço fez a sua própria reflexão, para entender o que aconteceu consigo, o que foi vivido. E o terapeuta também faz a sua.

No meu caso, essa reflexão é fundamental, porque não encaro o ofício[1] de terapeuta como sendo da mesma natureza que outros, em que depois

1. Em latim, *officium* se origina de *op(i)-fici-um,* de *opus facere*, fazer um trabalho, fazer uma obra. E o termo *opus*, o mesmo usado na alquimia, diz respeito também, confor-

de um certo tempo o profissional adquire um domínio seguro e testado, seja da situação em que trabalha, seja do material com que opera. Pois nunca se daria o caso em que, após vários anos de exercício, quando a maioria dos problemas, das queixas ou das situações clínicas tivesse sido expressa, um terapeuta pudesse confirmar para si mesmo: "Ah, isso aqui eu conheço muito bem", "isso aqui eu sei explicar", "isso aqui eu compreendo perfeitamente" – e então ele iria se tornando senhor de si, senhor da situação, exímio, maduro, como naturalmente e felizmente ocorre em tantas outras profissões. Por exemplo, um cirurgião pode se sentir, com o passar do tempo, com um domínio técnico e um conhecimento especializado que legitimamente o tornam dono da situação. Ou um professor, um empresário, um cientista, um construtor. No caso do terapeuta, pelo menos como entendo e vivo a profissão, não é assim. Porque sempre existe um dado indisponível, uma pergunta sem resposta, um não-saber a respeito das leis profundas que governam a vida, o vir a ser, a relação entre mente e corpo. É fácil teorizar e dizer: "Há um processo evolutivo de conhecimento de todos os componentes da psique, de como a consciência funciona, de como pode ser alterada por disfunções e patologias, de quais as posturas terapêuticas mais promissoras..." – é bom ter essa retaguarda, ela nos orienta um pouco. Mas a vida que nos cabe viver ainda é infinitamente mais complexa e enigmática do que todo esse acúmulo de um saber ainda fundamentalmente acadêmico.

Não posso afirmar que toda e qualquer terapia terá um final feliz. Lidamos com vidas humanas, percursos e caminhos regidos por algumas variáveis controláveis e por outras, certamente em maior número, incontroláveis e não detectáveis ou nomeáveis. Eu jamais diria que um terapeuta aplicado, estudioso, criterioso e cuidadoso, que supervisiona seus casos e se cerca de todas as precauções, acaba com o tempo tornando-se seguro,

me registra o *Dicionário de Etimologia*, a trabalho agrícola. Ambas as associações – ao *Opus* Alquímico e ao cultivo agrícola – terão tudo a ver com o trabalho terapêutico, como se verá mais adiante. Devo esse esclarecimento a Adélia Bezerra de Meneses, que o elabora no Prefácio, que a bem dizer não sei se mereço.

eficiente e senhor de si. Não. Minha visão do amadurecimento do terapeuta é o contrário disso tudo. Ele é alguém – é assim que me sinto – que cada vez mais se dá conta da limitação, do inexplicável, do imponderável, e, ao mesmo tempo, do aparecimento do benéfico, do salutar, do restaurador, do reestruturador, daquilo que cria ânimo, entusiasmo e clareza na mente, daquilo que aprofunda sentimentos, que leva uma pessoa a inovar, a criar, a transpor antigos problemas. Minha percepção desse conjunto todo é cada vez mais aguçada, mas não considero que saiba o que causou exatamente cada uma dessas manifestações, quando, como e por que, e qual teria sido minha participação ativa, onde pus e onde não pus a mão.

Trabalho para Toda a Vida

Há portanto sempre uma reflexão em curso, que espero não cesse nunca. O desejo de um terapeuta, creio que de muitos, é poder trabalhar até o fim da vida. Até porque a gente pode perder certas habilidades ou certas forças, mas não a capacidade de exercer o ofício. A gente pode se locomover pior, ter menos força física, perder certos recursos, mas isso não interfere no essencial. Conheci em São Francisco um analista chamado Dr. Joseph Henderson (1903-2007) numa comemoração no Instituto Jung de São Francisco. Quando ele chegou, no topo de seus cem anos de idade, aprumado e elegante de terno, gravata e bengala, e sabendo que ainda atuava como analista, solicitado que era pelos colegas já maduros e experientes, parecia que eu via entrar na sala um majestoso carvalho antigo. Era uma coisa impressionante de se ver, e conversar com ele foi inesquecível. Conheci na Suíça muitos analistas idosos e perfeitamente lúcidos, a maioria dos quais havia feito análise com o próprio Jung. Tive uma analista, a Dra. Hilde Biswanger, filha do fundador da Psicologia Existencial, Ludwig Biswanger, e muitas vezes ela me atendeu deitada numa cama devido a fortes dores na coluna – ela ficava deitada, e eu na poltrona. Ela mal conseguia se mexer, mas estava completamente atenta, funcional, conectada. Meu outro analista, o Dr. Karl Heinrich Fierz, nos últimos anos da nossa relação, sofria de um enfisema pulmonar que o impedia de subir ladeiras ou escadas – e Küsnacht, onde morava, é uma colina à beira do lago de Zurique, toda em planos inclinados. Lembro-me dele entrando vagarosamente na biblioteca em que me atendia, sentando-se com vagar e esperando a respiração voltar ao normal para iniciarmos a sessão. Mas a partir de então ele se concentrava e tínhamos conversas fantásticas. Eram seus últimos anos de vida; ele veio a falecer pouco tempo depois.

Como sempre vivi e terei que viver do meu trabalho, alimento a fantasia e o desejo de poder fazê-lo até o fim de minha vida. Evidentemente "não posso" ficar surdo nem mudo, mas até cego acho que dá para ficar. Acima de tudo é preciso poder ouvir e expressar-se, é preciso lembrar e é preciso ter um coração que sinta e uma mente que reflita. Esse é o analista mínimo. Mesmo paralítico, ele reflete.

O Tempo e o Analista

Reflexão básica: o que é que aprendo com minha vida para poder entender melhor a vida do outro? O que é que fui amadurecendo, que ilusões fui perdendo, como fui mudando meu vocabulário, como fui re-entendendo a teoria, *o que o tempo fez comigo?* Não assim: o tempo me envelheceu. Mas: qual a mudança na reflexão que o tempo trouxe?

A modalidade de reflexão a que me refiro não é acadêmica, no sentido de que não é um diálogo travado com a literatura especializada, nem necessariamente voltado ao que os colegas estão fazendo e produzindo. De certa forma, é uma reflexão solitária, originada num diálogo com outra pessoa, mas a partir de um certo ponto a referência básica é interna.

Caminho Personalíssimo

No início, a reflexão se apoia sobre um conhecimento teórico, uma técnica e uma prática. O terapeuta pode optar por seguir o caminho acadêmico, vinculando-se a uma universidade, a um instituto de pesquisa, dar aulas, transmitir o conhecimento teórico junguiano, ou de qualquer outro autor de sua preferência, publicar casos clínicos, ensinar. Essa é uma modalidade, mas não é a minha. Minha reflexão não é acadêmica no sentido de que, para mim, o diálogo com outros autores de certa forma desvia minha atenção do diálogo com o meu paciente, que me traz matéria bruta. O meu colega escritor me traz matéria elaborada. E não me sinto confortável em assimilá-la e usá-la porque não fui eu que a gerei a partir de um contato direto com o desafio representado pela problemática do paciente. Não me sinto bem fazendo isso. Posso acompanhar com interesse e satisfação o caminho que seguiram amigos e colegas que começaram comigo trinta e cinco anos atrás, pessoas que eu conheço há ainda mais tempo, quando nenhum de nós era terapeuta. É emocionante ver o caminho que cada um seguiu e as contribuições que vêm dando.

Mas a reflexão não acadêmica que me interessa não abre para os lados, foca para a frente – que é onde está uma pessoa, sua dor e seu enigma, olhando nos meus olhos, e eu nos seus: esse é o livro que leio, traduzo, grifo e anoto. Um livro numa poltrona.

Há momentos em que essa reflexão fica difícil, fica crítica – muitas vezes, paradoxalmente, porque fui incorporando novos conhecimentos e experiências, que me fizeram realmente testar tudo aquilo em que acreditava, proposições teóricas, formulações ou posturas que eu vinha pondo em prática. Há ideias que abandonei, porque chegou um momento em que deixei de acreditar nelas, tendo percebido que eram pensamentos que se esgotaram, ou que veladamente continham certas idealizações, certo romantismo, um certo grau de ilusão, ou vinham carregadas de demasiada emocionalidade, eram projetivas e até mesmo reativas. Tudo isso eu fui largando. E outras ideias, outras ponderações e reflexões foram tomando seu lugar.

Leituras

Quando comecei a estudar Jung, a leitura de sua obra, sua correspondência e seus seminários não publicados absolutamente me apaixonou, era a minha leitura prioritária. Na minha época de formação na Suíça, e nos anos subsequentes, além de sua vasta produção (já mencionei que ainda hoje há um volume de material inédito quase tão grande quanto o publicado), li a maior parte da obra de seus discípulos, a que já me referi na primeira parte, além dos textos clássicos de Josef Breuer, Sigmund Freud e Eugen Bleuler. Estudei também a obra de analistas da geração anterior à minha, como Mario Jacoby, Robert Stein, Michael Fordham, Mary-Ann Mattoon, Nise da Silveira, e também os da minha geração, como Luigi Zoja, John Beebe, Francesco Donfrancesco, dentre tantos outros. Mas chegou um momento em que minha sede por esse tipo de leitura, inclusive de revistas e anais de congressos, foi diminuindo para dar lugar a outro tipo de interesse intelectual. Não que tenha completado um conhecimento necessário, longe disso, mas meu faro e meu prazer começaram a buscar outras paragens – por exemplo, estudos de comportamento animal, de arqueologia evolutiva, a recente produção da *terceira cultura* científica baseada no evolucionismo de Darwin, e sempre, sempre, Literatura, de romances e biografias a Carlos Drummond de Andrade e João Guimarães Rosa.

No momento em que estou juntando ideias para este livro, minha leitura de cabeceira é *Em Busca do Tempo Perdido*, de Marcel Proust. E quando leio Proust, dou-me conta de que ele foi um profundo conhecedor da alma e de Psicologia. No segundo volume da *Recherche*, *À Sombra das Raparigas em Flor*, que começa a compor a partir de 1909, várias vezes Proust usa a palavra "Inconsciente", diz a respeito de sonhos coisas fantásticas e inovadoramente emprega o termo "projeção"! Ele entendia o que era projeção, sem ter jamais lido (ao que consta) nada do que Freud veio a publicar sobre o assunto. Proust era um mestre ao analisar o que Jung veio posteriormente a denominar *Persona*, a máscara social, a falsidade daquele fascinante mundo aristocrático parisiense que tanto frequentou, compreendendo em profundidade as motivações e os desejos ocultos de seus protagonistas. Proust entendia como a cultura, a época e a sociedade moldam uma pessoa e sua trajetória, sempre à procura de uma dimensão que ele chamava a parte não visível dos relacionamentos, que é onde a alma está presente ("...enganado pela aparência do corpo, como se é neste mundo onde não percebemos diretamente as almas…"). A leitura de Proust me inspira mais do que a de um livro de Psicologia.

Como nunca vi Proust citado em textos de Psicologia, reproduzo aqui duas passagens em que fica patente sua profunda compreensão do mundo dos sonhos, ambas retiradas do segundo volume de sua obra. A primeira, nas páginas 250-251:

> Fazendo ao mesmo tempo os papéis de Faraó e de José, pus-me a interpretar meu sonho. Não ignorava eu que em muitos sonhos não se deve fazer caso da aparência das pessoas, que podem estar disfarçadas e haver mudado de rosto, como esses santos mutilados das catedrais, que arqueólogos ignorantes recompuseram, colocando nos ombros de um a cabeça de outro e confundindo atributos e nomes. Os nomes que adotam as pessoas em sonhos podem induzir-nos a erros. Deve reconhecer-se a criatura amada tão só pela intensidade da dor que sentimos. E a minha dor me disse que, embora convertida durante o sonho em rapaz, a pessoa cuja recente falsidade me fazia penar era Gilberte.

Lembremo-nos de que *A Interpretação dos Sonhos*, de Freud, é de 1900, e que *À Sombra das Raparigas em Flor* provém dos inúmeros cadernos manuscritos a partir de 1909, acrescentando-se que não consta, em nenhuma das biografias escritas sobre o grande escritor, que tenha tido conhecimento ou se interessado pela obra do vienense.

Mas há outro trecho ainda mais impressionante, que desta vez nos remete ao que Jung dirá trinta anos depois:

> Subitamente adormecia e caía nesse sono pesado em que se desvendam para nós o regresso à juventude, a retomada dos anos passados, os sentimentos perdidos, a desencarnação, a transmigração das almas, a evocação dos mortos, as ilusões da loucura, a regressão aos reinos mais elementares da natureza (pois se dizem que muitas vezes vemos animais em sonhos, quase sempre esquecemos que nós próprios, no sonho, somos um animal privado dessa razão que projeta sobre as coisas uma luz de certeza; aí só oferecemos, pelo contrário, ao espetáculo da vida, uma visão duvidosa e a cada minuto aniquilada pelo esquecimento, desvanecendo-se a realidade precedente ante aquela que lhe

sucede, como uma projeção de lanterna mágica diante da seguinte, quando se trocou o vidro), enfim, todos esses mistérios que julgamos não conhecer e nos quais somos na verdade iniciados quase todas as noites, assim como no outro grande mistério do aniquilamento e da ressurreição (pp. 470-471)[2].

Atualizar-se – algo fundamental para um médico, um cirurgião, um cientista, quer dizer, ler as revistas americanas ou inglesas (*Nature, Science* etc.) que oficializam o progresso do saber nessas áreas é fundamental nesses casos. Um analista também pode buscar segurança e eficiência através da atualização contínua; mas no meu caso, no meu paradigma de analista inseguro, não é esse o rumo mais atraente. A proposta junguiana pressupõe opções individuais e eu fiz e continuo fazendo as minhas, todas de alto preço. Não sou livre-docente da Universidade, nem o serei, porque não é esse o meu caminho, e não foi isso o que escolhi. A mim interessa menos estar a par do que os melhores vinte autores estão escrevendo e dizendo sobre tais ou quais assuntos do que ter um *insight* ou uma experiência própria de compreensão, de reflexão, de elaboração, nascida naquele diminuto espaço entre duas poltronas como um olho d'água. Há uma enorme força psíquica nas interações que nascem nesse campo compartilhado. O paciente participa, mesmo que passivamente, ou inconscientemente, da formação de novas configurações, de novas imagens, de novas visões. Para mim, essa é a riqueza do trabalho analítico na linha junguiana.

Conversa

Existe um tipo de conversa da qual brotam conteúdos insuspeitados pelos interlocutores. Em meu livro *Outros Quinhentos – Uma Conversa sobre a Alma Brasileira*[3], uma longa entrevista com trinta e três horas de duração conduzida pela jornalista Lucy Dias, há um posfácio que intitulei "O Milagre da Conversa", onde digo: "Uma conversa centrada,

2. Minha edição é de São Paulo, Globo, 2006.
3. Lucy Dias e Roberto Gambini, *op. cit.*, pp. 221-224.

orientada por uma busca significativa, tem esse maravilhoso poder de abstrair o tempo, as distrações, os segundos pensamentos, e fazer surgir exatamente aquilo que parece ter um desejo próprio de se transformar em palavra". Hoje vou além: não é que a conversa seja uma arte no sentido de cultivo da erudição, não: é um momento em que a alma pode se manifestar. E se a sintonia estiver boa, a alma serve-se de nossa voz. Faz bem para quem ouve e para quem fala. É claro que para isso acontecer não se pode ficar repetindo opiniões coletivas. Conversa pode ser uma bobagem, uma perda de tempo, um nada. Ou pode ser algo que cria vida. Ora, terapia é antes de mais nada, e sempre, uma conversa. Faça-se dela o que se quiser e o que se conseguir.

O Verdadeiro Diploma

Eu me formei no Instituto C.G. Jung em 1981, tendo cumprido todos os requisitos acadêmicos, textos, relatos de caso, quinze exames orais, um trabalho feito em clausura durante seis horas (deve ser uma tradição medieval!), centenas de horas de análise, dezenas e dezenas de horas de supervisão, apreciação periódica por um comitê de três analistas dos mais experientes e no fim uma tese, que no meu caso foi *O Espelho Índio* – uma tese acadêmica, segundo os padrões da Universidade de São Paulo, com método, rigor, arcabouço teórico, exame e interpretação de fontes primárias, propositura e exame de hipóteses, conclusão fundamentada empírica e teoricamente, tudo direitinho: recebi um diploma em Psicologia Analítica.

Mas o meu verdadeiro diploma não foi aquele, e sim um sonho. Vejo à minha direita três doutores discutindo Psicologia Junguiana. Eles trajam longas togas pretas e trazem na cabeça aquele capelo com borlas que se usa nas solenidades formais da Academia. Estão os três discutindo teoria junguiana. Olho para eles, compreendo o que estão fazendo, e sei perfeitamente que não pertenço e nem desejaria pertencer àquele grupo. É uma atividade distinta da minha: aquilo não sou eu. Do lado esquerdo do meu campo visual vejo entrar uma figura muito estranha, um homem recurvado, descalço, coberto por um saco de estopa, podendo-se ver suas pernas do joelho para baixo, que no sonho me lembravam as perninhas finas do Gandhi. E essa figura bizarra, andando assim flexionado, passa por esses doutores, que nem se dão conta de sua presença e continuam discutindo Psicologia Junguiana. Essa criatura prossegue em minha direção, e quando passa do meu lado, levanta o saco de estopa que lhe cobre a cabeça e percebo que é Jung em pessoa. Ele pisca para mim, como que dizendo: "Psiu, não conta pra eles que sou eu!" Em seguida cobre novamente a cabeça e percebo que ele está sempre olhando para o chão; à medida que anda, aqui e ali abaixa-se e apanha pepitas de ouro. Aí termina o sonho.

Com o tempo vim a entendê-lo. Percebi que era um modelo, para mim, de como ser analista, que era uma maneira de me posicionar perante a Psicologia Junguiana, a Academia, o debate teórico etc. Resumidamente, meu sonho diz que aqueles que discutem a teoria junguiana perderam Jung e não o reconhecem quando está presente. Perde-se o vivo e cultiva-se o escrito, fala-se mais do que se vive. Mas o vivo ainda está lá, embora Jung tenha morrido em 1961. Há um espírito em Jung, há uma proposta que permanece muito viva e para a qual vale a pena colaborar a fim de que assim se mantenha e evolua. Há uma humildade, em Jung, porque aquele saco de estopa lembra um mendigo. Sua imponência pública não tem a menor importância, e o que está fazendo pode até passar despercebido.

O que é olhar para o chão? Olhar para o chão é olhar para a nossa reles condição humana, nossa vida tal qual é, sem enfeites, sem ilusões, o nosso dia a dia, a nossa realidade mais básica. E diz o sonho, mediante a figura de Jung, que nesse chão há pepitas de ouro, à espera de serem apanhadas. O que são pepitas de ouro? Algo muito valioso; portanto, no meu reles dia a dia posso encontrar uma delas, que corresponde a um *insight*, um momento de conexão profunda com o sentimento, de compreensão da vida, de transcendência, um momento maior que, pelo que entendo, deve ser diligentemente buscado como uma "postura junguiana" diante da vida. Não para imitá-lo, mas para descobrir por si. Não se trata de buscar o céu do pensamento rarefeito, mas de percebê-lo no chão: é uma possibilidade, uma escolha, um interesse predominante. O fato de as pernas lembrarem as de Gandhi é significativo, porque ele foi um ser humano raro, igualmente autor de uma proposta radical de recusar a violência como meio eficaz para derrubar o domínio britânico: "Quero libertá-los do preconceito que têm contra nós, no qual estão aprisionados. Eu não estou" (cito de memória). Uma proposta, uma postura. Gandhi deve ter olhado muito para o chão, e nele certamente encontrou uma luz nova, uma vez que sua não violência é estranha à tradição mítica do Hinduísmo. Sinceramente espero que as centelhas de Jung e Gandhi sejam mantidas acesas pelo surgimento de luzes renovadas. Esse sonho é o meu diploma de analista.

Terapia

Posso então dizer que cada sessão de análise é um momento de ficar olhando para o chão. Tenho absoluta certeza de que as pepitas estão lá – e o que são, nesse caso? A fala inesperada, capaz de mobilizar os aspectos imobilizados da psique do paciente: a fala capaz de tocar a ferida, não para fazer doer mais, mas para sensibilizá-la de um modo tal que o paciente sinta que aquela ferida pode ter uma evolução. Uma fala que possa abrir novas perspectivas ou suscitar novos questionamentos: isso são as pepitas. Sinto fisicamente quando esse estado é ativado: uma vibração no plexo solar, muitas vezes uma aceleração do ritmo cardíaco, um jeito de falar pausado e preciso, porque sei que aquela fala é de outra qualidade, sua fonte não é o ego habitual.

Camadas da Terapia

O que tenho a dizer sobre terapia não é por comparação com outras escolas e linhas, mas no sentido de perscrutar as camadas da consciência localizadas abaixo da superfície. A camada externa, ou a primeira camada da terapia, é a queixa do paciente e sua expectativa de poder ser compreendido por alguém, que possa ajudá-lo. É claro que nesse momento inicial já está se formando nas fantasias do paciente aquilo que veio a ser chamado de transferência, uma série de imagens multifacetadas e sutis a respeito do terapeuta, dos poderes que eventualmente tenha e do que acontecerá na terapia, componentes fundamentais para que se estabeleça um vínculo operacional que vai do observável até o insondável.

No terapeuta também, a cada início de terapia, forma-se uma configuração específica relativa àquele paciente, que é uma primeira apreensão, uma constituição rápida de um núcleo de hipóteses iniciais, um conjunto de sentimentos, uma primeira leitura, uma certa apreensão por talvez não ser capaz de dar conta do trabalho, ou pelo contrário confiança e entusiasmo, um desejo claro de enfrentar o desafio, ou uma resistência difícil de superar.

Várias coisas podem constelar-se, e tem início um relacionamento nessa camada ou nessa modalidade, com muita passagem de informações por parte do paciente, que reconta a história de sua vida e de suas dificuldades. Alguns relatam a própria história como produto de ações alheias: "Eu sou assim e assim porque meu pai... e depois minha mãe... e então fui despedido... e minha mulher me abandonou...": os outros o fizeram sofrer, e aqui está ele agora diante de mim. Já outras pessoas não vão contar sua história dessa forma, mas: "Desde que eu era criança eu me sentia mal... tinha dificuldades com tal coisa... achava que...". As histórias podem ser contadas de maneira extrovertida ou introvertida; varia muito essa primeira história, variam o tom e a clave em que é entoada.

O que se tem de início é um esboço de autobiografia, com um analista que não fica ouvindo em silêncio, mas pontua a narrativa: "Você está se contradizendo, porque há pouco disse isso, e agora, aquilo", por exemplo. O primeiro esboço de história começa a ser traçado. Passa-se então a trabalhar com os diagnósticos preliminares. É muito importante ouvir do terapeuta: "Tudo indica", "parece". Ou então: "Pelo que estou podendo perceber, você tem uma característica assim e assim, um padrão tal, ou há um mecanismo pernicioso nessa ou naquela área etc." Mapeia-se um pouco o terreno, tematiza-se, sempre hipoteticamente.

E essas hipóteses serão trabalhadas como? Na boa tradição da Faculdade de Filosofia da USP, da rua Maria Antônia: como material empírico de primeira mão. Fontes primárias – que é o material que o paciente traz. Às vezes, não é primário, e nesse caso não é de tanta serventia. Um relato muito intelectualizado e arrumado corresponde ao que nas Ciências Sociais denomina-se fonte secundária, que na situação terapêutica oculta mais do que revela o que se procura, que é o nervo exposto. É como estudar um objeto classificando tudo o que já foi dito a seu respeito. Prefiro ir às fontes primárias do paciente e lidar com material empírico inspirador de hipóteses. Se o material não lhes der sustentação, continua-se a engendrar novas e melhores hipóteses. Um bom trabalho de pesquisa é também aquele em que se possa ao fim dizer: a hipótese não foi comprovada. Pode-se reconsiderar uma hipótese que se julgava válida e comprovar que ela não se sustenta. O paciente ouve algo como: "Parece que o problema, o nó da questão não está aqui, como você sempre achou. É outra coisa, vamos procurar em outro lugar". Trabalha-se com hipóteses que vão se sucedendo, ou sendo modificadas, e casos há em que uma boa hipótese norteia de fato um longo e profícuo trabalho.

O objetivo é o aprofundamento da compreensão do problema postulado pela hipótese, sempre com base no material empírico: as falas, os fatos e o material inconsciente. Na tradição junguiana, os sonhos colaboram com a terapia, porque complementam a visão consciente do paciente e trazem para o terapeuta aspectos que aquele não saberia formular. O sonho é a segunda fala do paciente; a primeira é o discurso consciente, até onde ele consegue chegar com a sua inteligência, sua sensibilidade e sua memória. Porque a visão e a fala do ego têm um limite: digamos que abrangem cento e oitenta graus. Mas faltam os outros cento e oitenta, que estão nas costas. Isso vem por outra via, através do sonho, da fantasia espontânea, da imaginação ativa. O analista vai trabalhando sua hipótese com esses dois tipos de fonte primária: a oriunda da consciência e a que emerge do inconsciente. Ambas devem ser primárias, não filtradas. Até mesmo a fonte inconsciente é às vezes um pouco deturpada, porque pode-se cair na tentação de elevar a narrativa à categoria de obra literária; nota-se que o material foi trabalhado demais. É necessário portanto ser muito preciso e cuidadoso com a fonte primária inconsciente, para que não se descaracterize.

Já estamos em outra camada da terapia, quando de posse de um rumo ou de uma busca com algum grau de orientação a respeito do caminho a seguir, ficando implícito no que estou dizendo que não estamos trabalhando com modelos de normalidade, nem de adaptação. Essa não é a tradição junguiana e não é assim que vejo o andamento da terapia. Há outros sinais, que não esses. Procuro ver, sim, se uma pessoa está ficando mais adaptada a si mesma, se está adquirindo um perfil mais definido e individual, um modo próprio de compreender-se – esses para mim são sinais de percurso, pois trabalhamos com a ideia de individuação. Isso não significa que a pessoa fique mais feliz e sua vida mais fácil, mas que começa a seguir o que parece ser o seu verdadeiro caminho.

Outra camada então foi atingida, porque se começa a discutir destino, ou: é possível escolher o caminho? Existe livre-arbítrio? Existe a possibilidade de se mudar de vida? As ideias são pedras ou são pássaros? Minha vida tem que ser sempre assim? Serão eternas minhas escravidões? Serei sempre condicionado pelo passado? Você começa a questionar, para valer, temas muito doídos e angustiantes. Será que estou preso numa gaiola com a porta aberta e não saio dela? Será que tenho possibilidades e não as aproveito porque sou covarde, me habituei, acho que minha vida só pode ser vivida assim, ou porque certos papéis me aprisionam: meu papel profissional, meu papel na família, no grupo, a imagem social que tive e acalentei, aquilo que os outros acham de mim... Você começa a questionar essas coisas todas, e às vezes é preciso defrontar-se com pensamentos radicais, que exigem muita ousadia moral e acarretam riscos de se perder vínculos, posição, recursos, poderes, ao ousar sacrificar o dado pelo desejado. Se você está infeliz com sua posição no mercado financeiro e queria trabalhar com arte, prepare-se para lidar com grandes riscos materiais e psicológicos. Há momentos em que tudo fica muito grave e extremo. Mudo de parceria conjugal? De ideologia política? Mudo hábitos afetivos e sexuais, mudo hábitos de consumo? Estilo de vida, cidade, país? Vou começar a apresentar uma face para o mundo que nunca ousei exibir antes, passarei a fazer coisas inauditas? Não é brincadeira de criança, e nem seguir ordens de um terapeuta. Não se trata de aprovação, não se trata de ter garantias, não, o jogo é outro: a gradual percepção de um sentido, de uma necessidade interna, de uma escolha. Nada disso deve depender de autorização de espécie alguma. E também não se pode esperar um atestado de futuro sucesso.

Na jornada terapêutica – e a ideia é que o paciente não vá sozinho, mas acompanhado – às vezes ele vai parar em lugares terríveis: em cima do muro, à beira do abismo, no mundo subterrâneo, no inferno, na loucura, promiscuidade, enclausuramento, ascetismo, superstição, esbanjamento, excesso de simbolização... e o terapeuta vai junto. Apontando, debatendo, dialogando, assumindo uma posição. É claro, é uma obrigação moral do terapeuta avisar o paciente quando este se aproxima demais de um terreno perigoso e antiético, ou que acarrete riscos à saúde ou à vida. Por exemplo, eu não posso apoiar alguém que diga: "O espírito de Dioniso e de Pan encarnou em mim, e eu quero viver uma vida sexual desenfreada e livre, porque esse é o desejo da minha alma". Ou se uma pessoa começar a dilapidar os bens da família, ou adquirir hábitos que se chocam com a lei e a moral estabelecida – e não estou falando de casos patológicos, mas de caminhos que às vezes beiram o trágico. Aí o terapeuta se manifesta. Mas não estou defendendo preconceitos conservadores nem bom-mocismo. Quer dizer, não posso dizer simplesmente: "Cuidado com esse mundo da imaginação, porque isso vai desligá-lo da realidade". Há maneiras e maneiras de se entrar em cada um desses mundos.

O que proponho e procuro acima de tudo, exercendo o ofício de terapeuta, é a evolução do humano. A terapia junguiana, pelo menos, mas creio que também a freudiana, baseia-se num reconhecimento dessa possibilidade evolutiva. O trabalho com a psique destina-se a tornar melhores as pessoas. Idealismo? Não, para mim isso é um dado empírico. Vejo acontecer. É real e tangível.

A Fala da Alma

Sei que estou fazendo um retrato impressionista, mas prossigo nas camadas da terapia. Ela acaba atingindo seu nível mais comovente quando se começa a dar nome às dores da alma. Quando finalmente desponta o foco, o âmago sobre o qual é preciso descobrir maneiras novas de falar: o paciente aprendendo a expressar a própria alma, ou, junto com o terapeuta, começando ambos a perceber o que significa essa palavra, que não designa um apêndice, um órgão interno, mas uma dimensão sutil da realidade, que se expande do paciente para o mundo e com este o conecta de modo renovador. Aí entramos no verdadeiro campo de operação.

Segundo vejo, a terapia junguiana, por caminhos mais ou menos tortuosos, mais longos ou não, mais penosos ou não, acaba levando ao encontro da alma – que, é evidente, não está no melhor dos estados. Vamos tentando descobrir em que estado ela está, se silenciada, deturpada, negada, racionalizada, submetida, machucada, doente, ferida. Quando se percebe mais ou menos qual o estado em que se encontra, tem início uma tentativa de ouvi-la. Se estiver silenciada, nada dirá. Convém então calar e ouvir um bater de asas, murmúrios e sussurros – às vezes a fala da alma é uma lágrima, um suspiro, que esperamos venha a adquirir eloquência.

Há sempre uma dor na alma. A proposta é acolhê-la – e isso dói para os dois, cada um na sua poltrona – por acreditar que a única maneira de começar a cuidar da alma é lidar com sua dor e não com sua plenitude feliz, porque nesse caso a pessoa não estaria no consultório, mas regozijando-se com a vida. E aí entramos num terreno inexplorado e misterioso, no qual certas coisas ocorrem que mal consigo formular, mas mesmo assim são tangíveis, porque segundo observo, uma vez reconhecida e aceita sua dor, a alma percebe que está sendo acolhida pelos braços dessas duas pessoas. O movimento inicial não é de cura; a dor, presente, começa a gerar um tipo de força totalmente diferente da força do ego. É uma força moral, é uma força reflexiva, é uma força de posicionamento dos sentimentos, uma atitude incomum e radical que aporta ao estado atual do paciente algo antes ausente.

A alma, no estado de dor, gera. Como ela o faz ainda é para mim uma área de mistério, mas sei que isso acontece. E o que por ela é gerado é de vital importância, não devendo ser confundido com felicidade. Não se deve pensar que o fundo da terapia seja um nível mágico onde a dor estanca. Não sei se algum dia a alma chega a não sentir mais dor. Mas sei, por observação, que de um estado imobilizado ou submetido ela passa a gerar, vai transmutando seu sofrimento em algo que eu poderia denominar modulação da dor. É uma dor que passa a doer sem doer; dói, mas alimenta. Ao mesmo tempo que dói, conforta. É um paradoxo. Como tão bem dizia Camões:

> O amor é fogo que arde sem se ver
> É uma ferida que dói e não se sente
> É um contentamento descontente
> É dor que desatina sem doer.

Aprendamos com o grande poeta: Camões refere-se ao amor – e onde está o amor, lá estão a dor e a alma – numa transfiguração do sentimento comum, porque o que dói, dói, e o que não dói, não dói. E aqui estou tentando elaborar um estado de dor que vai desabrochando e fazendo surgir modalidades ou sintonias que estavam completamente aprisionadas, e que ao quebrarem o gesso criam beleza, amor, profundidade, poesia, conhecimento, sentido. Já não é mais a mesma dor surda original.

A Alma e o Ego

Fica claro, portanto, que não trabalho com um modelo dualista de luta perene entre ego e alma, como se o primeiro fosse um tirano pouco ilustrado que, por assim ser, causa sofrimento à alma. Se assim fosse, bastaria educar o ego, fazer com que simplesmente percebesse que não é o rei da psique e que portanto deve se curvar, para que então a alma desponte e os dois fiquem de bem. Intrinsecamente, o ego não é inimigo da alma; é antes seu instrumento. É um absurdo pensar num ser vivo dotado de alma mas desprovido de ego, porque tal criatura seria completamente inoperante, incapaz de agir e de estar no mundo.

E pode-se muito bem pensar que em outras épocas históricas não tenha havido guerra entre ego e alma – é o que imagino quando examino as pinturas rupestres da Serra da Capivara, no Piauí, por exemplo[4]. Ou em outras culturas, em outras fases com distintas configurações da consciência. Hoje, coletivamente, poderíamos sim afirmar que o ego quer ocupar muito espaço, e que não deixa espaço para a alma. Mas minha maneira de abordar e de trabalhar essa questão não é eliminando o ego; proponho que ele trabalhe em conjunto, que vire do avesso, que se reveja, se recompreenda, se perceba de um modo tal que possa desenvolver uma capacidade de acolher a dor da alma e chegar a uma integração, não a um reforço da cisão. Mas enfim, será que foi o ego que causou essa situação psíquica? Não sei, acho que o fenômeno é muito mais amplo e mais complexo do que simplesmente atribuir ao ego a existência de *pathos* em nossa vida.

Dor da Alma

Não nos contentemos com uma tentativa estreita de explicação, porque pode haver uma razão mais profunda para que a humanidade atual tenha que sofrer as dores da alma, não porque o ego tenha sido tirânico, mas porque ela só evoluirá trabalhando com essas dores, que segundo essa ótica passam a ter uma finalidade transformadora. As pessoas hoje sentem na alma o que está acontecendo no planeta. Se não houver

4. Cf. meu artigo "Soul on Stone", *Spring 76 – Psyche and Nature,* New Orleans, 1976, vol. II, pp. 73-90.

quem sinta essa dor, aí o planeta estará perdido mesmo. Então, devemos sempre nos perguntar se aquilo que inicialmente se manifesta como dor, ainda que muitas vezes negada e não nomeada, não poderá conter em seu âmago uma matéria misteriosa e transformadora, que no entanto nenhuma psicologia define nem conceitua, como se fosse um território inacessível à elaboração mental e ao entendimento. Portanto, encaro a terapia como um trabalho capaz de tocar um cerne obscuro que nos apavora, e que até preferiríamos ignorar, que é o *coração da agonia*, porque lá, em seu mais íntimo, pulsa e vibra uma força de renascimento e restauração do que foi destruído e caiu nas trevas da sombra. Algo portentoso: mas é difícil chegar nessa medula psíquica geradora de energias vitais, assim como os grandes físicos, dentre os quais Einstein, descobriram que no interior do átomo estavam aprisionadas energias descomunais. A fissão da dor e do átomo podem levar à bomba, ao suicídio e ao massacre – ou à energia nuclear. *A verdade é que mal se conhece a extensão dessa força criativa ou letal contida em estado potencial no átomo da dor.*

Fica assim evidente que a reflexão que vai e vem no pequeno espaço entre duas poltronas, ao longo do tempo, fundamentalmente gira em torno desse tema. Como chegar nesse caroço? Como fazer acontecer a experiência? Que riscos se corre, o que se descobre? E o que se manifesta? Será que isso é uma hipótese válida, ou uma ilusão? A prova, a única cabal e definitiva, é o que pode evoluir na própria vida das pessoas, e o que estas vierem a dizer em testemunho.

Dor da Alma, Ainda

Queria ainda acrescentar que a alma doída adquire uma força, uma radicalidade surpreendente em sua maneira de se expressar e de entender as coisas. É como se, por sofrer, a alma se tornasse mais ousada e mais corajosa nos comentários que tem a fazer sobre este mundo, suas desgraças, verdades e belezas. A dor a torna mais eloquente, mais penetrante, mais surpreendente, e esse seu modo de assim falar, podemos reconhecer em escritores, artistas, pensadores, inovadores de todos os tipos. Não é uma eloquência retórica, não é um uso das palavras ou das emoções usadas para discutir argumentos usuais, mas é como que uma subversão da maneira de se considerar coisas costumeiras. Parece que a alma, ferida, ao mesmo tempo fica forte naquilo que declara; é como se com isso ganhasse não uma legitimidade, mas espaço, acesso para abordar temas que não costumam ser abordados. Então, esse é um dos efeitos desse mistério que busco formular – e por isso se justifica que uma terapia dê valor à dor. Porque poderia ser dito: isso é um viés depressivo da terapia, ou um gostar da dor. O que estou dizendo é exatamente o oposto. É que essa dificílima relação com a própria dor ou com a alheia promove inovações. E como venho repetindo, a mim interessam as inovações do conhecimento e do discurso da alma – distinto daquele proferido pelo intelecto e pela razão.

A razão e o intelecto podem ancorar a expressão da alma; mas a origem dessa expressão está nela mesma, e não nos primeiros. Essa força penetrante advém do fato de que só a alma que habitou o Hades consegue lançar luz sobre obscuridades que a luz da razão não ilumina. Sua luz é outra. É como se a alma que sofreu adquirisse o poder de se iluminar a si mesma, para se revelar. O que ela faz é apenas revelar-se; o resto, é com a gente. Quer dizer: a alma somos nós. Mas quando se revela, é o nosso ego, é a nossa consciência, é o nosso humano, demasiadamente humano que tem a tarefa de fazer alguma coisa com o que foi revelado, ou a revelação se perde. A revelação é dada, ela é um dom. Pois ouso dizer que a origem do dom é a dor.

Há uma ideia muito antiga, expressa no mito de Quíron, o Curador Ferido, de que a possibilidade de curar advém da experiência de conhecer a dor. No entanto aqui não estou me referindo especialmente à capacidade de curar, mas àquilo que é produzido pela alma doída: ela produz algo, não se estiola, não fica lamentando eternamente. Algo ocorre na alma ferida. Ela expressa algo, ela passa a iluminar algo. Complemento então: *a terapia é uma escuta*, não exatamente da fala do paciente, mas *do processo transformador da alma doída*, do que esta passará a dizer. É preciso um ouvido muito atento para isso, para não se confundirem essas expressões da alma com as oriundas do ego. Elas não são a mesma coisa, e há que se ter um ouvido que ouça essa melodia anímica, porque na verdade são essas manifestações que vão revelar qual é o processo da pessoa na dimensão anímica, objeto este a ser reconhecido e mais estudado. O mais fundo que consigo tocar neste momento é que o trabalho terapêutico tem que ouvir essa matéria fugidia, sem no entanto dirigir o andamento dos passos: são apenas duas pessoas falando, ouvindo e aprendendo a prestar atenção no som de asas batendo.

O "Solo" do Trabalho Terapêutico

O trabalho é realizado por duas pessoas, dá-se entre duas pessoas. Duas pessoas agem e há um "entre", que geograficamente é esse um metro e meio quadrado entre as duas poltronas. Mas essa metragem é tanto física quanto imaterial. Alguns chamam esse espaço de "terceiro analítico". Como essa expressão não é minha, não a uso. É um solo virtual, que vai ser arado, cavado, irrigado, plantado, cuidado, de vez em quando ele pega fogo, de vez em quando seca, inesperadamente brota de novo. Há apenas duas pessoas – no jogo de xadrez há um tabuleiro entre ambas e os parceiros ficam deslocando as peças segundo certas estratégias ocultas para derrotar o oponente. Na terapia, também há um tabuleiro, também há um jogo, mas muito mais complicado do que um jogo de xadrez, *War* ou palavras cruzadas. Também há certas regras e personagens fictícios, e ambos mexem nas peças. Que jogo é esse? Quando termina, e se há ou não um vencedor, vai depender da concepção em que se baseia a terapia. Para mim, não é em xeque-mate que o jogo termina: "Dei um xeque-mate na tua neurose, ela está vencida, eis aqui tua alma". Quem entra no jogo comigo faz parte de um *laborare*, um *operare*, um *officiare*. E a melhor metáfora para o suposto tabuleiro é a do vaso alquímico em cujo interior a matéria bruta, inominada e disforme transmuta-se em valor que vai adquirindo forma e nome.

Mas a metáfora a que recorro com mais frequência é mesmo a de *solo* virtual. Imagem antiga, tão vetusta quanto a origem da agricultura, de que um solo potencialmente fértil pode produzir fruto, alimento, flores, Vida.

Então, não tem nada de xeque-mate. Tem arado, plantio, cultivo e busca de vida. Será que brota uma flor nova daqui, uma árvore que cresça, uma doce fruta tropical? Trabalhando com essa metáfora, não faz sentido para mim trabalhar com a ideia de alta, mais adequada ao ofício médico.

É claro que se o paciente começa a desprezar a terapia, ou a faltar, ou a envolver-se menos, o terapeuta sozinho não pode continuar a trabalhar num campo que não é apenas seu, mas também do outro. Eles são meeiros. Se o outro se ausenta, o trabalho no campo cessa e a braquiária vai tomando conta de tudo. Um bom número desses campos mal arados foi parar no arquivo morto: o paciente foi-se embora. Alguns, diferentemente, partiram porque já tinham frutos na cesta. Ótimo, era a sua hora de partir. É claro que todos devem ir embora um dia, o difícil é saber como, e quando. Mas alguns não abandonam mais o arado.

Esse trabalho agrícola com a alma na realidade não para nunca, como na atividade rural propriamente dita. Como a propriedade é compartilhada, esse campo não é propriedade nem de um, nem de outro. Quanto mais nele trabalho, mais prática adquiro de estar perto da alma. E quanto mais o paciente de sua parte trabalha, analogamente vai adquirindo um hábito, um aprendizado, uma inclinação, uma eficácia para sintonizar os cambiantes estados de sua própria alma, ou da alheia, ou da grande *anima mundi*.

Se encarado como quinhão de vida, fatia valiosa da realidade, esse terreno nunca desaparecerá e ficará sob os cuidados de ambos, quem sabe até mesmo se expanda e inclua a presença de outras pessoas, num contexto que passa a extrapolar as velhas duas poltronas do começo. De repente são três poltronas, são cinco, são vinte. Amplia-se um campo onde se oficia alguma coisa. Mas na vigência da terapia, o campo "entre", essa terra virtual, invisível, porém real, é geradora de uma produção que deve ser cuidada, frequentada, observada. O que nasce, nasce "entre". A célula da dor, que contém força germinal transformadora, não está na mente do analista, nem na do paciente. Enquanto acreditar que esta força está na mente do analista, o paciente permanece numa situação transferencial, em decorrência da qual projeta uma parte que é sua sobre a figura do analista: "O analista me cura". Permanecendo nesse nível, o paciente não adentra outro, que lhe é desconhecido porém fortalecedor. O fenômeno vivo, o fenômeno crucial não está nem na mente de um, nem na do outro, mas entre ambas. É por isso que sozinho não se consegue operar a transmutação da dor, porque sozinho só reflito, como um espelho, o que está inscrito apenas em minha mente. E o paciente sozinho também não pode fazer nada, porque lhe falta essa interação. É muito importante perceber que numa primeira fase – e fui paciente durante muitos anos – inevitavelmente atribui-se esse poder, que afirmo estar no núcleo da célula da dor, ao saber e ao poder do analista. Mas o ouro não está onde se julga encontrá-lo. Se o analista tiver alguma sabedoria, ótimo, que a coloque a serviço desse processo e de sua elucidação. É no campo arável da psique que está o fenômeno, portanto na vida como um todo, fora dos muros do consultório, que agora pode ser representado como o *temenos* dos antigos gregos, o lugar protegido.

Uma hora o paciente parte, está fora. Mas não se tornará, assim sempre espero, uma pessoa *soi-disant* analisada, assumindo ares de pretensa superioridade e nomeando comportamentos alheios. Longe, muito longe disso. Não. É uma saída da região protegida pelos muros do *setting* terapêutico para o mundo, e o início de uma maneira de lidar com absolutamente qualquer questão do mundo pela percepção da dor. O que de novo é muito estranho, porque parece que a pessoa vai ficar masoquista, ou atraída pelo sofrimento indiscriminado. O que espero deixar claro é que agora o indivíduo sabe que o que atrai seu olhar, em qualquer contexto, em qualquer magnitude, é aquela substância que oculta luz sob o manto da dor. Começamos então a viver e a lidar com esse mito – a palavra é essa mesma – *mythos* em oposição a *logos*.

Nesse sentido venho tecendo toda essa reflexão:

> [...] trabalhar com o núcleo da dor faz com que acabe se libertando o que está preso no seu interior, uma luz de novas verdades, uma luz regeneradora, criadora de vida. Uma afirmação como esta não proviria jamais do procedimento mental que obedece às leis do *logos*, que engendra precipuamente teorias

científicas, teorias psicológicas ou, como eu me referia no começo, não proviria do procedimento acadêmico. Se esse mito me ajuda a trabalhar, me ajuda a entender o fenômeno humano personificado no paciente, me ajuda a entender o mundo, e eu vejo que dá bons frutos, eu o mantenho e sigo pautando-me por ele e tentando compreendê-lo melhor, mas não tenho garantia alguma de que até o fim dos meus dias de trabalho esse mito não possa ser alterado pelo que acontecer na minha vida e na de um paciente, ou pela aquisição de novos conhecimentos e novos *insights*. Na minha concepção de terapia, não se trabalha com um conhecimento fixo, imutável e testado. É um posicionamento, é um eterno exame de hipóteses em busca dos desenvolvimentos, uma atenção dirigida ao que vai acontecendo na vida das pessoas, e na minha própria.

Alma: Inaprisionável

Creio que essa é a única atitude reflexiva compatível com o que aparentemente é a natureza da alma: ela não é nem estável, nem fixa, estruturada ou definida, mas, pelo contrário, como indicam seus próprios símbolos, fugidia, indefinível, irredutível a outra coisa que não si mesma. Sendo ela aparentemente assim, parece-me plausível sustentar que a reflexão que busca reconhecê-la onde nem sempre ela parece estar deve emular seu estilo. Refiro-me portanto a uma reflexão que não deve deixar-se seduzir pelo prazer da construção de um majestoso edifício teórico, ou da propositura de conceitos que pairem acima de qualquer discussão, ou de verdades testadas pela experiência. Para mim, essas pretensões alimentam o ego de um catedrático, de alguém que quer concorrer ao Prêmio Nobel, de alguém que quer ficar o dono do terreno. Para mim, são incompatíveis com a natureza da alma.

E aí toma corpo minha grande preocupação com a crescente banalização do termo "alma", com uma certa retórica vaidosa que tem ganho volume e espaço e que fala da alma como se já a conhecesse em todos os seus mistérios. Acho que aí já não se está mais falando dela, mas de uma dimensão da psique que passou a fazer parte do ego, e se cria uma enorme confusão porque parece que é a alma falando, mas não é. Ainda é o ego falando – uma língua nova. A mentalidade contemporânea, em certos círculos, tem produzido um discurso que parece espelhar a alma, mas que acaba revelando-se um caminho de distanciamento e, finalmente, de perda do que pretendia capturar. Então é preciso ficar olhando para o chão.

Não se deve tratar isso que estamos chamando de alma como um objeto de conhecimento, com a expectativa de que com o tempo ou com um certo número de pesquisas possa finalmente ser dominado e compreendido. O átomo, sim. A alma, não. Porque a natureza de ambos é diferente. Não quero alimentar desejos de um conhecimento que acabe aprisionando a alma dentro de uma gaiola, para que ela cante, que nem um passarinho. Talvez ela cante, mas não voará mais. Espero que ela voe sempre, e que tenhamos sempre que voar atrás dela. Recuso-me a conceber a alma como algo que finalmente eu pegue no voo. Assim como ninguém vai pegar com as mãos um passarinho no céu. Que sempre voem alto os pássaros!

Acho que essa ideia é importante porque orienta toda uma linha de pesquisa, de desenvolvimento temático e de vocabulário. Aprecio enormemente o conhecimento dos processos da psique e da busca de seu âmago, mas não quero com ele criar um domínio que acaba afastando o próprio fenômeno que se quer conhecer. Segundo concebo, as imagens da alma são as imagens do inaprisionável, daquilo que não posso reter, que não posso agarrar, que não posso conter. Por exemplo, as águas do rio que não param de correr, as nuvens, o voo dos pássaros, a luz da manhã. Não se segura uma nuvem. Já é quase lugar-comum, referindo-se ao sentido grego de *psyche*, representar a alma como borboleta: pegue-a com mãos delicadas, porque as asas são frágeis. Ora, o que proponho é que não se queira pegar nada, quebrando asa ou não. Esse terreno é escorregadio e a única saída para não resvalar é a humildade ao falar e ao conceber; e nunca no sentido de fraqueza, mas no de compreender a diferença de qualidade entre uma coisa chamada consciência e uma coisa chamada alma. Se eu compreender a diferença dessas qualidades, o fenômeno consciência eu abordo de uma maneira; o fenômeno alma eu abordo de outra.

O que tanto me atrai e interessa ao mesmo tempo me preocupa. Como ensinar essa matéria sutil sem que isso vire um manual, uma teoria altissonante ou um discurso elevado? Isso me preocupa muito, porque é preciso aprender uma postura, um posicionamento adotado desde a Antiguidade e lindamente praticado pelas populações aborígenes das Américas, do Alasca à Patagônia, que é o respeito diante do mistério, a reverência diante do numinoso. Se alguém entende o que quer dizer "numinoso", como Rudolf Otto definiu, e Jung adotou, é ridículo pretender-se aprisioná-lo no interior de uma teoria explicativa, porque a partir desse instante fatal o numinoso deixa de sê-lo. Aliás, muito parecido com o que a física subatômica ensina: na hora em que o pesquisador pretende observar o fenômeno subatômico através do microscópio, já se alterou aquilo mesmo que ele queria observar. Eu não sei como os físicos lidam com isso, mas faz parte de nosso ofício pensar sobre o modo como os terapeutas o fazem. Quer dizer, a substância psíquica mais preciosa não pode ser dominada, não pode ser observada diretamente, não pode ser decodificada pelo intelecto. O que se pode, sim, é compreender a postura que o intelecto deve assumir perante esse paradoxo – ele é inteligente, é capaz de entender! *Logos* em nada contribui travestido de conquistador. Sua melhor postura seria a de aceitar algo maior e distinto de si. Sim, invoquemos a alma, mas não a afugentemos com palavras e teorias, porque senão ela se dissipa. A prova disso são elucubrações que acabam ficando chatas, áridas e repetitivas. Ou pior, banais, e daqui a pouco começa-se a falar disso nas conversas de sofá na televisão. Pode-se ter certeza de que aí a alma foi embora de vez, e é preciso ir procurá-la já não se sabe mais onde. *Mythos* representava isso muito bem: se você correr atrás das musas elas escapam: uma é vapor, outra é riacho, uma é nuvem, outra é orvalho...

O fugidio unicórnio, por exemplo, que é um símbolo medieval, tinha essas características. Quando os caçadores chegavam perto demais, ele desaparecia. O Espírito Mercúrio, na Alquimia, igualmente escapa e não se deixa apreender. Vemos assim que essa fugacidade daquilo que nos é mais precioso tem que ser aceita nesses exatos termos.

Os índios brasileiros têm uma variedade enorme de mitos que explicam a origem anímica das doenças. Alguém está mal, os pajés se reúnem e dizem: "Esta pessoa está mal porque sua alma a abandonou e foi juntar-se a seus parentes na aldeia das almas, onde se casou e portanto não quer mais retornar ao corpo enfermo". Os pajés fazem então rituais com o fito de atraí-la de volta, tocando flautas sagradas e chocalhos e entoando os cânticos apropriados durante noites e dias seguidos até a alma ouvir e voltar, desfazendo os vínculos extracorpóreos que acabara de estabelecer. Na psicologia xamânica a alma igualmente é fugidia, não pode ser dominada e corre-se sempre o risco de perdê-la. É muito, muito duro quando num certo dia parece que a alma nos abandonou – e a única coisa que nos resta fazer é tentar atraí-la de volta para que a vida pulse de novo.

Self – Ego

O diálogo com o *Self* é também um tema que se presta a um grande número de mal-entendidos. Segundo a concepção de Jung, o *Self* (em alemão, *Selbst*, traduzido como "Si-mesmo" em *Sonhos, Memórias e Reflexões* na década de 1970, mas o que prevaleceu foi o termo em inglês mesmo) é entendido, em contraposição ao ego consciente, como o centro regulador e estruturador da vida psíquica, que, sendo uma composição arquetípica, não pode ser acessado diretamente, mas apenas através do ego quando este, configurado de maneira propícia, lhe dá passagem. Sempre retive, por aprendizado, formação e experiência, que se o *Self* não puder ser experimentado é melhor não aludir a algo que se acabaria resumindo numa hipóstase atraente. Pode-se perfeitamente perceber quando o ego – em termos mais diretos e precisos, quando o indivíduo – age, pensa ou fala a partir de um ponto de vista distinto de sua consciência egoica habitual. Esta é, aliás, uma área riquíssima para observação, pesquisa e teorização. Mas da mesma forma que os termos "alma", *anima*, *animus* ou "sombra", é preciso saber-se do que se está falando quando se discursa sobre o *Self*, seus símbolos e sua dinâmica. Há propostas terapêuticas de que o paciente "converse" com essas figuras interiores. A imaginação ativa é uma técnica criada por Jung que propicia, entre outras coisas, esse contato. E no folclore junguiano internacional, em círculos relativamente fechados, ouve-se pessoas dizerem: "Meu *Self* me aconselhou a fazer isso ou aquilo", por exemplo. Não quero de forma alguma dar a impressão de que estou desqualificando práticas desse tipo; minha questão é outra. O que me preocupa é a passagem de experiências internas sutis para o plano de relatos análogos a casuísmos factuais, como se o fenômeno interno e o externo estivessem no mesmo plano ontológico, obedecessem às mesmas leis e princípios e pudessem ser abordados com as mesmas categorias e termos de linguagem. O inefável, como indica o próprio nome, não pode ser pronunciado! Ou, quando muito, é preciso usar uma linguagem mais refinada – por exemplo a poética – para captar o sutil. Senão – e esse é para mim o problema – usa-se o prisma do ego para relatar algo que existe exatamente num território não abrangido por esse prisma. Esse é, segundo penso, o nó da questão epistemológica: como conhecer algo que está fora de minha área de conhecimento consciente. Creio na possibilidade desse conhecimento, que torna consciente o que antes não era: mas cuidado com a maneira de falar. A descoberta, a compreensão, o ficar sabendo, o sentir, ocorrem em *logos*, ou no coração. Em ambos, apenas quando construída a ponte. Só então a palavra terá o poder de invocar realidades ainda não classificáveis.

A questão da *anima*, para os homens, também cria estados dificílimos de se entender, por exemplo, por que se foi tomado por uma emocionalidade incontrolável que altera os alicerces do ego. Como defendo o direito às opções, que cada um faça as suas. De minha parte, já que só posso testemunhar o que vivo, sei que certos estados, segundo Jung provocados por uma ativação do arquétipo da *anima*, podem de um lado tornar um homem irascível ou empático, melancólico ou sensível, melindrável ou criativo – são exemplos soltos. Se, num momento afortunado, percebo que estou sensível, não fico "conversando com a *anima*" – simplesmente fico sensível! Entrego-me a esse estado e o exerço, nada mais. E quando não estou, registro e lamento. Não gosto muito de bruxarias da psique, um caminho direto para o autoengano. Fico com Fernando Pessoa: a única coisa que não me engana é que pedra é pedra, experiência é experiência, você é uma pessoa real. A tradição de Jung presta-se às mais variadas práticas, mas eu retenho como alicerce de meu trabalho e de minha reflexão aquele Jung que conhecia tanto a pedra como seu símbolo.

Ego

Mas seria possível, por parte do ego – como pergunta Enrico – cultivar uma capacidade de expressar o *Self*, ou de reconhecer quando isso ocorre? Costumo falar muito disso nas sessões terapêuticas. O ego, nosso estado mental corriqueiro, é nossa desgraça e nossa salvação. Se acaso vier a perdê-lo, você estará delirante, fora de si, já não será mais você. O ego é nossa consciência habitual, nossa permanência. E é um problema de bom tamanho, porque tanto pode causar desastres terríveis, como realizar coisas maravilhosas. Suas características peculiares fazem-no acreditar muito em si mesmo como sendo o dono da casa, o senhor do território, o assento da individualidade e da realidade psíquica, tendendo portanto a uma grave unilateralidade, elegendo a parte como sendo o todo. Conhecer sua relatividade, sua posição específica, seus enganos, inflações e os papéis inovadores que possa vir a desempenhar já é um belo exercício de pós-graduação. O paradoxo da condição psicológica é que tenho que usar o próprio ego para conhecê-lo – ele é ao mesmo tempo o sujeito e o objeto de conhecimento. *Um espelho na frente de outro.* Não há outro meio, não há um apoio externo onde firmar a alavanca de um olhar mais abrangente. Devo então desenvolver a inteligência psicológica do meu ego, sua ética, sua honestidade diante do que é e do que produz, para que, como Narciso, possa olhar para si mesmo e falar de si – o que está muito além de ser fácil. "Reflexão": voltar-se sobre si mesmo.

Como percebo que o ego me engana? Repito: é através do próprio enganador. Não há outra função disponível. A proposta não é entrar num estado alterado de consciência através do chá de cipó ou de outra droga alucinatória (supostamente reveladora da verdade) e então ver com olhos de sábio nossa realidade ontológica. É esse mesmo ego que na quarta-feira estava num estado de profunda dor que, no sábado, pode ter um momento de clareza perceptiva e ideativa. O que se pode concluir disso? Que somos plásticos, mutáveis, modulados; que somos regidos por constelações de fatores internos, que deslizamos de uma configuração a outra, que não somos monoblocos nem permanências inalteradas, não: variamos. Mas cuidado: se alguém botar na cabeça que vai comandar e controlar essa dinâmica toda, já caiu num ego burro. Diz a sabedoria oriental que a única maneira de se imobilizar o ego é meditando e parando de pensar. Naquele momento em que se está fora do efeito do pensamento, o ego se aquieta. Parece portanto que o melhor destino para o ego é o aquietamento. Esse é seu melhor destino, sua melhor utopia: um ego sereno e testemunha de si mesmo sendo.

Acalmar o ego seria o mesmo que anulá-lo? Não. Quando serenado e instruído é que o ego se torna o melhor trabalhador do processo de descondicionamento e expansão da consciência. Porque ele é um soldado raso, não um general. Sua função é trabalhar, obrar, como uma abelha, como um boi. A meditação, dialeticamente, depois de diminuir as dimensões do ego, gera ação focada e eficaz nos momentos de atividade. Seu alvo é a vida e suas contingências, não uma fantasia de Nirvana. Vivê-la com o laborioso auxílio de um ego lúcido, sereno, eficiente, sabedor de suas limitações, que nos ajude a fazer o que temos a fazer, desde preparar comida e cuidar dos nossos até realizar o trabalho que nos cabe e evoluir. Que esse tão falado ego possa ser promotor de vida! Como dizem os críticos literários, a "fortuna crítica" da terapia, as centenas de milhares de páginas escritas sobre a estrutura e a dinâmica do ego muitas vezes criam falsos ideais, ou postulam estados inatingíveis, o que é péssimo. O trabalho terapêutico não visa fazer o paciente correr com viseira atrás de uma cenoura. A avaliação terapêutica de uma pessoa não é sua colocação na maratona, mas seu grau de percepção da realidade única da psique.

Percepção do real – acho que é esse nosso grande desafio. Quando digo "real", refiro-me a algo que não esteja encoberto por ilusões, por autoenganos, devaneios, fantasias, falsidades, projeções – coisa que o lado prestidigitador de nossa mente adora fazer, mestre que é em criar filmes, cenários, personagens e roteiros, fato que a Psicologia descobriu e já conhece bastante bem: a fantasia e o fantasma passam a ser mais reais do que a vida.

Administrar a Dor

Que cada um possa encontrar o que lhe aplaca a dor. Para alguns a música, a poesia, a arte, a conversa, o recolhimento, a prece, a contemplação de uma árvore, a ação eficaz, a sensação do corpo, a concentração, o ócio, o estudo, a criação, o prazer são bálsamos, tônicos e elixires. Para outros, o trabalho maníaco, a velocidade, o álcool, a maconha, a cocaína e o *ecstasy*, o conteúdo da geladeira, o baralho, o cartão de crédito acionado em cadeia. Cada um procura o alívio que para si funciona. Mas a Psicologia elegeu certos critérios a respeito dos alívios. Um deles, para mim o mais radical e corajoso, é dar nome à dor. Às vezes esse batismo tarda, porque o nome se escondeu, e só um é preciso.

Para certas pessoas, como Enrico Lippolis, ouvir a tristeza de um *Noturno* de Chopin o ajuda a matizar a própria dor que sente. Dor cura dor! A dor expressa pela via da arte amaina a outra, própria, rebaixada e sem forma. [Incluo aqui o belo comentário de Adélia Bezerra de Meneses:

> Não é por que a dor ganha contorno? Uma percepção confusa e indistinta de dor adquire forma. E a formatação básica, para mim, é dada pela palavra poética; a do Enrico é através da música; ou também poderia ser plástica (através das formas). A poesia dá nome, nomeia. A verdade é que toda arte lida com sofrimento. Inclusive, na Literatura, a gente vê que os bons sentimentos e as realizações felizes não têm lugar; na Literatura, a Poesia é sofrimento; os grandes romances são sofridos. É a velha catarse do Aristóteles. Por que as pessoas vão assistir a uma Tragédia? Porque a arte tem um efeito, que é o da

"organização da experiência" (expressão do mestre Antonio Candido) – através da catarse (que não é "sublimação"!) as emoções são mobilizadas, a psique expurga algo e arranja uma ordem nova.]

Regozijo

Esquematicamente: localizamos uma dor na alma; ela sofre. Por quê? Porque algo lhe falta, não é reconhecida e está ferida. Já vimos esse percurso todo e suas várias ramificações. Mas agora podemos chegar a: a alma sofre quando impedida de sentir alegria. Por quê? Por não conhecer o regozijo. E que é regozijo?[5] É ficar feliz com o que se tem e o que se é. Ninguém, na nossa literatura, disse melhor do que o jagunço Riobaldo, em *Grande Sertão: Veredas* de Guimarães Rosa:

> Me alegrei de estrelas.
> Sumo bebi de mim.

Esta última é uma frase lapidar de nossas letras, aludindo a esse maná sertanejo que alegra o coração espinhoso e atormentado de Riobaldo, aquele que quer atravessar. A expressão "regozijar-se" respinga catolicismo e deve ser indecifrável para o menino que vai à aula de catecismo. O regozijo é uma experiência possível de se viver, ou então não passa de figura retórica. "Minh'alma se alegra" neste fim de tarde em que, na companhia de duas pessoas queridas, falo diante de um microfone de gravador digital. Precisa muito? É o que temos agora, é o que pode ser vivido. Mas por que de repente não nos regozijamos? Por que somos neuróticos? Ou porque condições existenciais o impedem? Certamente as duas coisas. Nossos fantasmas ainda nos assustam e atemorizam. E o momento histórico da humanidade e do planeta não são lá muito propiciadores de regozijo.

5. Cf. Riobaldo, em *Grande Sertão: Veredas*: "Ah, um recanto tem, miúdos remansos, aonde o demônio não consegue espaço de entrar, então, em meus grandes palácios. No coração da gente. Meu sertão, meu regozijo!"

Neurose

O mal de nosso tempo e a neurose são o antirregozijo. O neurótico não se compraz com nada, a começar consigo próprio – que é a fonte do "sumo de mim". E nem com o outro. Então, o que é a neurose? A neurose é uma deformação do estado das coisas, é um funcionamento às avessas. Quer dizer: eu como para me satisfazer. Sou neurótico? Como e sinto culpa. A neurose altera o dado e seu signo; é um funcionamento perverso, porque fica tudo pelo avesso. Os males são bem conhecidos: culpa, inferioridade, frustração, carência, ansiedade, incompetência, irritação, ineficiência etc. Se estou neurótico, estou funcionando contra a corrente, contra o fluxo e contra o sentido das coisas. Quer dizer, é algo que tem que ser trabalhado para ser alterado. Jung foi breve: "O neurótico é um desadaptado de si mesmo". É um antisser, de viés, a contrapelo. Acredito que o ser humano é capaz de serenidade, regozijo, amorosidade, solidariedade, compaixão, criatividade, ética, reparação, e mais valores que se queira acrescentar à lista. Se não acreditasse nisso, não faria sentido exercer o ofício que escolhi.

Não sei qual o *telos*, a finalidade da natureza. Se pensarmos darwinianamente, lembraremos que a vida começou ao acaso, e que um protozoário acabou se desdobrando até cobrir de vida um planeta. Mas não sei qual é a finalidade desse processo. Sei que transcorre sem cessar há mais de dois bilhões de anos. Para onde vai a nave, se a humanidade tende a uma melhora, a uma evolução... eu não sei, está além de mim, não posso falar disso. Agora, nós, que somos macacos um pouco mais aptos, com a nossa capacidade de representar e de ter ideias, combina com nossa vida termos um *telos*, uma meta, uma utopia que seja. E minha proposta é simplesmente poder dizer: que nos tornemos seres humanos melhores. É uma escolha. Para mim está bom. Fico muito inquieto ao ouvir: "Ah, minha meta é aprender a lidar com frustração". Para mim é pouco. Agora, se você escolheu isso para a sua vida, é assim que você viverá. Se eu disser que a minha imagem de vida é que esta se regozija consigo própria, e que pode criar maravilhas, está bom, não está?

Agora, isso é uma dessas coisas que estão ou inconscientes, ou ausentes, ou enterradas numa pessoa. Qual é para cada um sua imagem de vida regente? Se fizermos uma pesquisa, o que quer a maioria? Quer ter sucesso, quer ter dinheiro, quer subir na escala social, ter uma família e uns tantos filhos, ter um carro especial, casa na praia, garantias para a velhice. A lista não vai muito além disso, porque pouco se fala de outra ordem de coisas. E é confuso mesmo, para todo mundo, porque "imagem de vida" não consta da pauta habitual de ponderações, não é assunto de conversa, não é algo que se pare para pensar. Mas se devia.

O Que Não Se Sabe

Eu admito a existência de algo ou de uma dimensão que não é conhecida. Porque ela de vez em quando se manifesta, ou porque progressivamente vai se dando a conhecer. Basta você estudar o saber humano, a história da ciência. Inconsciente, saber: a mesma etimologia, não é?[6] O conhecimento aumentou, ficou-se conhecendo mais do que antes. É possível conhecer mais; então, há sempre algo a conhecer. Qual é o tamanho, o nome desse algo? Eu não sei. É imenso como as galáxias? Eu não sei. Mas há algo para ser progressivamente conhecido, em nossa mente e fora dela. Isso é muito diferente do que dizer que o inconsciente foi extraído da consciência, onde supostamente estava oculto. Então você vai resgatá-lo, e o reinsere nela. Nesse procedimento, permanece-se sempre dentro do mesmo território. Na visão junguiana, a nomeação de conteúdos inconscientes lida com realidades que nunca dantes estiveram na consciência, podendo portanto alterá-la em sua natureza, expandindo-a, gerando novas atitudes e valores. A intuição pode levar até esse desconhecido, ou uma inteligência observadora – o que não é a mesma coisa que intelecto; ou o coração, o sentimento podem levar a novas percepções. Sonhos, devaneios, sincronicidades, também podem apontar para novos horizontes. A visão junguiana lembra um caminho.

6. Ciência, inconsciente: vem da raiz de *scio* – o verbo *scio* = saber.

Não se está no interior de um território que a tudo circunscreva, a vida, o mundo e o mistério. O que se busca é precisamente transcender os limites do próprio território que nos aprisiona, condicionando nossa percepção. Somente a inteligência desperta é capaz de dar salto de tal magnitude.

Sonhos, um Mundo Sem Limites

Detenhamo-nos agora um pouco no fascinante assunto dos sonhos na terapia junguiana, que já rendeu tanta teoria, tanto ensinamento, discussão, exemplificação e uma vasta produção publicada em livros, artigos e anais de congressos em vários países a partir da segunda década do século xx, alguns anos depois das primeiras publicações de Freud e seus discípulos. O que mais me interessa neste momento não é discorrer sobre a diferença entre as duas escolas, ou sumarizar tudo o que já foi dito a respeito do tema, mas tentar pôr em palavras o tipo de reflexão que ocorre quando ouço um sonho relatado por alguém, seja numa sessão terapêutica ou mesmo em outra situação qualquer, porque é distinto da que se verifica em outros momentos da prática clínica. É como se ocorresse independente de qualquer esforço dirigido pelo pensamento lógico. Prefiro portanto referir-me aqui a "reflexão" e não tanto a "interpretação". O termo ideal é "transcodificação": o sonho relatado incita a mente atenta a produzir um tipo de reflexão específica e única, que só se dá no momento da escuta do relato onírico e produz no terapeuta uma fala e um posicionamento diferenciados. *Nesse sentido digo que essa reflexão provocada por um sonho é a flor da terapia.*

Essa questão é delicada no treino de jovens terapeutas, que de início querem saber quais são os truques ocultos e as técnicas reservadas a iniciados para se interpretar sonhos: o que será que significa "aranha", "voar", "morrer", a cor vermelha, o número cinco etc. – e evidentemente o caminho não é por aí, mas deixar-se afetar pelo sonho e ao mesmo tempo manter rigorosamente os procedimentos metodológicos. O objetivo é experimentar um tipo de reflexão de outra qualidade, relativa àquilo que no momento não pode ser enunciado pelo interlocutor devido ao simples fato de não estar presente em sua consciência.

Circulação da Matéria Pensante

Quando ouço um sonho e começa a tomar forma em meu íntimo esse tipo especial de reflexão que venho tentando descrever, a expectativa que abrigo é a de que meu paciente, ao ouvir o que inicio a verbalizar, mude de sintonia, ou de faixa de pensamento, e saia do âmbito de ideias ou equações nas quais ele ou ela se debate ou gira em falso; e que aquela reflexão provocada por um sonho reorganize sobre nova base sua situação psicológica, o modo de se sentir, de pensar sobre si mesmo. Sei muito bem que, quando isso acontece, esse novo patamar foi criado por aquilo que chamamos de inconsciente. Quer dizer, há algo em nós que está querendo propor outra maneira de pensar ou de sentir. Não conseguimos mudar um estado mental a seco, por meio de aconselhamento, confidências ou desabafos, mas graças à entrada em cena de um sonho e da reflexão que ele possa propiciar, momento em que se manifesta uma força capaz de alterar o estado mental daquele momento, e uma janela para outra visão se abre: esse é o efeito transformador do trabalho com sonhos. Além de coisas já sabidas, do tipo: "Ah, agora entendi o que é que eu estou realmente fazendo", ou "meu sonho mostra que minha sombra está muito ativada" etc. – coisas sobre as quais já se escreveu muito – meu interesse, minha ênfase hoje, é o que poderíamos chamar de "ato transcendente": sair de uma equação que aprisiona e entrar em outro nível mental. Isto acontece basicamente porque um sonho foi contado, e um terapeuta que trabalha com essa matéria deixou-se mobilizar até o ponto de conectar-se com essa qualidade reflexiva de natureza peculiar, distinta evidentemente de um aconselhamento, de uma prescrição médica ou de uma advertência corretiva. Não, não é isto. O terapeuta gerou algo inesperado. Deu vazão, deu voz, foi veículo de um pensamento que na verdade teve sua origem no próprio paciente. E cá estamos de novo no mistério: um pensamento extremamente transformador ou benéfico à alma se origina numa pessoa que está péssima. Ela não tem condições de abrigar aquele pensamento, de fazer nada com ele. Conta-o para o terapeuta. Este o recebe, processa-o e o devolve para o paciente, seu dono. Desenha-se então um círculo, uma rotação. E aí temos numa casca de noz todo o mistério da transferência, todo o mistério da relação analítica. Como um vaso se comunica com outro? Como circulam substâncias sutis?

É como se o sangue de meu paciente fosse transfundido para a minha veia, circulasse em mim, e fosse re-transfundido nele. É o dele, não o meu, que de algum modo passou por mim. Por quê? Porque estou oficiando um procedimento que é uma *diálise reflexiva*. A sua matéria pensante não pode fluir em você, porque você está sofrendo, você está tomado por emoções bloqueadoras, você está mal, você está confuso, você está fora de foco. Mas ela está lá em você, a matéria pensante. Ela surgiu como sonho, ou como símbolo, ou como imagem. Daí você a conta para mim. O meu ofício é recebê-la e fazê-la circular dentro de mim – com um método. No método junguiano amplifico o material, faço comparações, tento compreender os símbolos em toda a sua variedade, localizo e nomeio o drama, o conflito, o andamento do enredo etc. Essas coisas todas eu faço. Então, eu circulo aquela matéria pensante para a qual você não tem uso no momento, você não sabe o que fazer com aquilo e não é por falta de inteligência, mas devido ao estado mental e à sintonia em que você se encontra. Então, eu a deixo percorrer meus circuitos mentais adequados àquela situação e a devolvo a você. Esse movimento e deslocamento da matéria pensante, que a areja, de alguma forma a torna inteligível: esse é o ato terapêutico. Então, diferentemente de um freudiano, não digo: "O ato terapêutico é a interpretação", mas: "O ato terapêutico é a circulação da matéria pensante produzida pelo paciente, mediante o oficiar do terapeuta, que a devolve de modo a poder ser recolocada no lugar onde nasceu e ao qual pertence, o interior de sua psique". Então você percebe que "interpretação" fica muito pequeno, apenas um aspecto, um detalhe. Mas isso ninguém pode fazer sozinho, precisa-se de um Outro. Porque não posso destacar de mim essa matéria onírica, depositá-la no vácuo e esperar que retorne arejada e transformada. O que seria o vácuo capaz de fazer com ela? Tudo o que posso fazer sozinho é colocá-la no papel, registrá-la, guardá-la para que, quando estiver num outro estado, eu consiga oficiar minha própria matéria psíquica – o que aliás é outro dos alvos da terapia: que um dia alguém não precise mais do analista. Você agora sabe colocar-se na posição do oficiante. Esse é o alvo. Aí terminou a análise, você continua sozinho.

O Oficiar Terapêutico

Agora, de novo, reparem – será que isso que estou tentando descrever é uma questão técnica, algo para ser tratado tecnicamente? Não é. Isso é para ser tratado como? Como um produto da rica plasticidade da mente, que de repente se entrega a esse modo de funcionar. Permanecemos portanto no domínio dos trabalhos da mente. E a técnica apresenta-se nesse contexto como algo pequeno, quase um acessório. Técnica alguma produz um fenômeno de tal valia. Você não pode treinar alguém, dizendo: "Faça assim, assim e assim, que no fim vai dar certo". Não, busca-se o fato terapêutico, mas por outras vias. Testemunho: em trinta anos de ofício, pouquíssimas vezes ouvi um sonho e não aconteceu nada em mim, ou eu não tive absolutamente nada para dizer. Posso seguramente dizer que não entendi um sonho, ou que dele não era capaz de fazer gato e sapato. Mas mudo e vazio nunca fiquei. Como pode isso ocorrer? Mudo, vazio e indiferente, nunca fiquei. Então, de alguma forma, deve ser parecido com ouvir música ou ler um poema. Você já teve a experiência de ouvir uma música ou ler um poema e não lhe acontecer absolutamente nada? Alguma coisa acontece, nem que seja mínima. Então, algum tipo de contato se estabelece com "algo". No meu trabalho esse "algo" se chama "matéria pensante formulada pela nossa parte inconsciente" – que é distinta de outras matérias, a crônica, a narrativa, a fala autointerpretativa; trata-se de uma matéria específica, psicomental. Eu ouço e absorvo essa matéria, entro em contato com ela, e ela produz uma reação em mim. E eu creio que esse é o produto da terapia. Não estou portanto dizendo: "O produto da terapia é terminar a transferência", ou "o produto da terapia é resolver a questão edipiana". Essas frases não são minhas, não está em mim pronunciá-las. Não são minhas, não sei o que significam, elas não fazem parte do meu modo de pensar, do meu modo de ser e do meu modo de operar.

O que venho formulando é minha vivência, é aquilo que eu pratico, é aquilo em que acredito e pretendo continuar praticando. E sinto, sim, que há não um domínio a ser conquistado com o tempo, mas uma crescente familiaridade. Quer dizer: cada vez mais isto me é familiar. Da primeira vez que tentei, não era; mas foi ficando. Então, esse estado do terapeuta de processar uma certa matéria é um exercício que repito, e acabei me acostumando a ele. E preciso dele. Não posso ficar muito tempo sem sua aparição. Quando fico muito tempo sem oficiar, em férias, ou em alguma outra situação, num hospital, ou resolvendo coisas de outra natureza, se conversar com alguém acabo perguntando: "Você teve um sonho esta noite?" Fiz isso com índios da tribo terena, numa reserva indígena em São Paulo, perguntei aos zorós no extremo Norte do Mato Grosso, a crianças kamaiurás no Parque Nacional do Xingu, na Índia, na Itália, na Suíça, na praia, no nosso sítio no interior de São Paulo. É a minha lavoura! E nem sei mesmo por que chamei isso de "ofício".

Quando você faz uma interpretação de um texto de literatura, você está oficiando, está fazendo um trabalho que tem uma sequência – cada um de nós tem o seu. Agora, esse ofício da terapia, há por certo várias maneiras de fazê-lo, como também há muito clichê, muito mal--entendido na hora de descrever e relatar de que se trata. E reafirmo, em nome da justeza: aprendi isso tudo com Jung e o que disseram seus discípulos.

Complexidade da Psique

Jung várias vezes reiterou que a psique é tão complexa que seria impossível haver apenas uma teoria que a explicasse, e apenas uma maneira de lidar com ela. Se assim fosse, estaria demonstrado que tão complexa assim ela não seria. Então, está certo e é bom que haja várias abordagens e várias maneiras de se tentar chegar a algum lugar e de se praticar a arte. Para mim a prova dos nove é o que diz o paciente. Ele entra num trabalho baseado numa certa linha teórica e declara que esse trabalho o ajuda. Um outro escolhe uma terapia de outra linha, e diz o mesmo. Está bem assim, não é preciso mais do que isso. Nós não estamos aqui discutindo quem é dono da verdade. Essa discussão não me engaja. Agora, é provável que com o passar do tempo mais coisas venham a ser conhecidas com maior precisão. A neurociência está trazendo um monte de informações que não estavam presentes quando a psicoterapia foi inventada. E haverá outras que virão de outras áreas, especialmente através da transdisciplinaridade. Acho que certas práticas psicoterapêuticas irão caducar, se esvaziar, e deixarão de ser praticadas, porque revelar-se-ão infrutíferas com as mudanças de mentalidade. Nosso terreno é móvel pela base.

Pergunta Enrico:

Você disse que o sonho permite ao paciente libertar-se de uma equação ou de um estado mental, e alcançar um outro patamar – como se o sonho sempre veiculasse uma possível saída ou solução. O sonho sempre daria uma esperança, como uma janela que se abre para a vida da pessoa. Não existem sonhos que coloquem uma condenação definitiva do indivíduo...

Psique Enquanto um Sistema Auto-regulatório

Nunca usei essa expressão e nunca pensei nisso, em condenação definitiva. E de novo: essa é a visão junguiana prospectiva. Jung concebe a psique como um sistema autorregulatório, o que acho procedente. O corpo, igualmente, é um sistema autorregulatório. Se você sofrer uma invasão de bactérias, o corpo está organizado de modo a sempre tentar manter a higidez, quer dizer, a vida. Não é só o nosso corpo, isso pode ser observado em qualquer ser vivo: a vida se organiza de maneira a autopreservar-se. Portanto, quando surge uma ameaça, um ataque, um trauma, uma mutilação, uma perda, há uma tentativa de reorganização e readaptação. É emocionante observar árvores mutiladas por uma poda insensata lançando brotos de um galho decepado, numa, diríamos, desesperada luta pela vida. O que obviamente não significa que não haja morte, doença ou destruição, mas a natureza do corpo vivo opera no sentido de que ele se autorregule. Analogamente, e há muito tempo, Jung já dizia: a Psique tenta se autorregular. Ora, qual é a parte que tenta se regular? Não é o ego, porque, digamos, o ego ou a consciência estão abalados, não estão funcionando bem. Então há de ser uma outra parte – que ele chamou "a parte desconhecida" (= inconsciente). Há uma outra parte, desconhecida, que interage com esta primeira – com qual finalidade? Para procurar o quê? Uma regulação dos processos mantenedores da vida. Então, os sonhos, para Jung, são um diálogo entre a parte não controlada e a consciência, para fazer com que esta se reposicione, caso esteja demasiadamente unilateral ou abrigando associações de pensamentos, imagens e emoções que a autoagridem. Essa é a ideia. Agora, eu não diria que o sonho simplesmente traz a solução. O sonho mobiliza o sujeito para que este atinja um patamar distinto daquele em que sua problemática existencial se alojava. É dessa mudança de plano que podem advir os elementos formadores de uma mudança de situação psíquica.

A bem da verdade, ainda não sabemos muito bem como é que o pensamento funciona. O pensamento muitas vezes gira em círculos, se repete, se fixa, se equivoca... o pensamento é o problema; é ao mesmo tempo um triunfo e uma desgraça. Então, muitas vezes o sonho está dialogando com um certo pensamento que a consciência mantém atuante, o qual exerce um efeito causador de sofrimento e é dotado de um poder de moldar a ação ainda muito pouco conhecido pela ciência positiva – embora esse fenômeno tenha sido descoberto há milênios pelo saber intuitivo e pré-científico.

Se entendermos qual é a função dessa reflexão posta em movimento pelo inconsciente (o relato onírico), estaremos em melhores condições de combater toda essa onda de ansiedade sobre interpretação certa ou errada, sobre premonição, sobre: "Ah, eu tenho que seguir cegamente os meus sonhos...". Ansiedades. O antídoto é a prática de um tipo *sui generis* de reflexão.

Darei um exemplo. Um homem estava muito, muito preocupado com o filho, sofrendo, exaurindo-se e perdendo muita energia vital e mental, sem saber qual seria a melhor atitude a tomar, num estado relativamente grave de coisas, por estar o filho descontrolado, desorientado, a tal ponto que ele, pai, acabou esgotando seus recursos internos a respeito de que tipo de atitude paterna deveria tomar. Então teve um sonho: no sonho esse pai se via grávido, vestido com uma túnica preta longa. Era tudo. Só isso. Esse pai percebeu que um sonho como esse merecia o tipo de reflexão a que venho aqui me referindo, mas ele não era capaz de elaborar nada, a não ser o óbvio, dizendo para si mesmo: "Estou grávido de alguma coisa". Mas não ia além. Então o que ele fez? O que qualquer pessoa, em qualquer tempo, em qualquer cultura, faria: chamou uma pessoa amiga para conversar. Não é uma terapia, não é nada. É uma pessoa amiga, que também sabe conversar desse assunto. Relatou-lhe o sonho e o mero ato de relatá-lo já começou a surtir um efeito. Porque, logo depois de terminada a breve narrativa, esse pai disse assim: "É no meu luto – a túnica negra – que estou gestando alguma coisa. E desconfio que o que está sendo gestado é uma atitude nova com relação ao meu filho. Mas nesse momento não tenho a menor ideia de qual seja. Acho que vai demorar uns dois dias. Eu sinto que está cozinhando. Mas neste momento não sei dizer nada". A amiga com quem o pai estava conversando era tão sensível que evitou entrar com suas ideias, apenas ficou com o amigo e disse: "Deve ser isso mesmo. Então espere esses dois dias". Daí o pai disse: "Eu não sei dizer nada agora; quando eu souber, talvez escreva uma carta a meu filho". Dois dias depois esse homem escreveu algumas linhas endereçadas ao filho, e essa carta foi um divisor de águas que abriu um novo caminho, tanto no relacionamento, como na maneira como ambos se sentiam e se colocavam um frente ao outro.Então, você vê, o sonho não estava trazendo a solução, dizendo: "Faça assim!" Ele não retratou uma cena em que o pai faz isso ou aquilo, não remeteu a nenhum pai mítico, a nenhuma cena, não postulou nem criou nenhuma saída. O sonho apenas disse: "Concentre-se na possibilidade de que algo esteja sendo gestado no âmago de seu luto: algo novo. Então, não se trata das coisas que você estava pensando antes. Pare de pensar naquelas coisas, e fique esperando para ver o que é a coisa nova que vai aparecer". E assim foi. Então você vê o que é que o sonho fez com o sonhador. Ele o colocou numa outra posição psíquica e mental, e como houve um andamento, um cuidado, um procedimento, aquilo chegou no que eu digo que é o alvo: uma ação. Mas eu poderia dizer que esse pai, como você ou eu, como todo mundo – podemos ter milhares de sonhos como esse, e não fazermos nada com eles. Esquecemo-nos deles, que assim não atingem esse ponto de maturação. E por acaso deveria ser diferente? Acho que não. É uma *hybris*, uma arrogância, uma onipotência pensar que aproveitaremos absolutamente todos os sonhos e os iremos espremer e peneirar para que revelem tudo o que neles possa estar contido. Proceder assim é querer ser um semideus! É arvorar-se em algo que já nos tira do que para mim é a condição humana, que é viver uma digna imperfeição.

Tanto a psicanálise clássica como a análise junguiana sub-repticiamente estimulam o paciente – e cobram! – a seguir esse perigoso caminho obsessivo. Eu sou contra. Um *insight* simplesmente acontece quando acontece – como a chuva. Será que todos os sonhos têm essa intenção e se prestam a um tratamento desse tipo? Tive certos sonhos, dos quais não me esquecerei jamais, que tiveram um papel determinante em minha vida. Isso atesto, assino e dou depoimento. E posso contar, se for o caso. Como conheço, na história dos meus pacientes, alguns sonhos que redirecionaram os processos que viviam. Mas será que a vida deveria ser conduzida diariamente assim? Eu acho insuportável imaginar-me a tal ponto fracassado, porque vivi sessenta e três anos e não foi assim que as coisas se deram. Então, é melhor dizer, como Guimarães Rosa, que "viver é perigoso", porque a gente corre perigos, perde coisas, erra, desatina... Mas de repente você não erra, você consegue e acerta. Tudo isso porque, de novo, eu quero manter no auge da consciência a possibilidade de alcançar a experiência empírica e completa de sonhar, relatar, promover um estado reflexivo no terapeuta, entender e poder fazer alguma coisa com o entendido.

Não quero deificar nem tornar esotéricos os sonhos, nem tampouco colocar a mim ou a ninguém aquém da capacidade de lidar com eles, muito menos atribuir a quem quer que seja o poder constante de extrair-lhes a quintessência. Conheço pessoas muito simples que fazem coisas lindas com seus sonhos, da maneira mais despretensiosa possível, porque sonhar faz parte do modo humano de ser. E sempre, sempre, os sonhos usam uma linguagem que de óbvio não tem nada. Isso é assim, e não há o que dizer sobre isso, porque é assim.

Então, vocês veem, já existe um conhecimento teórico, metodológico, técnico, bastante bom. Ele pode ainda ser muito aprimorado, mas já é bastante bom. Minha preocupação é como entender o efeito do sonho, a experiência do sonho, o que sua narração provoca.

Sonho das Três Árvores da Vida

Vou dar um exemplo pessoal, já que vocês querem tanto que eu seja pessoal. Tenho passado por uma fase longa de muito sofrimento de alma. Muito. Como nunca. Com todos os momentos difíceis e duros que fazem parte disso. E com visitas a médicos, uso de remédios que não fazem efeito, e muito sofrimento. Num certo dia marcado para meu retorno ao consultório depois de um breve período de descanso, senti-me mal e não consegui ir trabalhar. Eu estava num estado insuportável e senti várias coisas péssimas: culpa, vergonha, preocupação com meu estado, incapacidade de reagir, tudo isso. E com medo de como seria o dia seguinte, porque a maneira como esse sofrimento de alma se manifestava no meu corpo era como uma narcolepsia: uma necessidade infinda de dormir. Liguei para uma velha amiga, uma pessoa muito querida, e pedi para ela me fazer companhia. Conversamos um pouco, e quando ela foi embora, decidi: "Esta noite não vou dormir, vou passar a noite em claro e de manhã estarei melhor e conseguirei trabalhar". E fiquei lendo o meu Proust. Mas quando eram três horas da manhã fiquei cansado, com a cabeça muito cheia de pensamentos, e resolvi dormir um pouco.

E aí tive um sonho. Olhem que maravilha: sonhei que contra o fundo azul do céu apareciam três árvores da vida. Era o próprio sonho que dizia: "São as árvores da vida". Uma, duas, três. Não eram árvores naturais, mas trabalhadas artisticamente: a figuração arquetípica da árvore da vida. Eu via as três árvores, daí elas desciam, penetravam no mar, desfaziam-se a assumiam a forma de algas. Como se o sonho dissesse: "Aí está a forma, agora a forma se desfez e está no mar num estágio mais primitivo da evolução". Mas eu vi na minha frente essas três árvores da vida, belas e perfeitas. Quando acordei, disse para mim mesmo: "A vida está presente, a vida está conversando comigo". Se no pensamento doloroso posso sentir que estou ficando velho, que estou perdendo meus recursos, que as coisas vão piorar – decadência – uma parte de mim diz: "Não! Continua a viver o teu processo de árvore que é o ser, é a afirmação plena do ser. Tira para fora e põe na terra as três árvores que caíram no mar". Quem é que falou isso em mim, para mim? Não foi a minha amiga que disse isso. Não li isso no Proust. Fui dormir, cansado e temeroso e uma parte minha me "disse" isso.

Self

Então, se alguém me pergunta à queima-roupa: "De que modo o *Self* se manifesta na tua vida?", respondo: o *Self* se manifesta na minha vida inesperadamente, quando sinto um amor no coração, quando percebo em mim uma força de lutar contra as forças antivida; quando sei que há clareza em minha mente; quando olho para o mundo e parece que o entendo, ou entendo as pessoas, ou sinto uma conexão com inexplicáveis fios que a tudo unem num sutil tecido de sentido; aí o *Self* está se manifestando na minha ou na sua vida. Mas pensando bem, para que usar esse estranho termo mal traduzido do alemão, "*Self*"? Você pode chamar do que quiser, não faz diferença. Eu acho que isso é uma experiência humana eterna. Provavelmente, os índios do Xingu sabem o que é isso. Na Antiguidade sabiam, no Oriente bramânico e budista sabiam. Jesus sabia. Krishnamurti sabia. Nós somos feitos assim, a pérola se faz em nossa ostra. E prefiro – é uma questão de gosto – manter o vocabulário e a teorização nos termos mais simples possíveis. Tendo sempre como referência uma experiência vivida e vivível. Nada de hipostatizar, de postular, de dizer; "se você fizer assim e assado, você chegará lá" – porque fica parecendo que está todo mundo tentando subir a escadaria dos escolhidos e dos iniciados... daí você começa a beirar o misticismo, o esoterismo, a religião, a ascese, criando-se inevitavelmente uma tabela olímpica de colocações progressivas, segundo grau, terceiro, quarto, e desse ponto em diante já não somos mais cuidadores e pesquisadores da alma, mas rosa-cruzes e maçons. Isso jamais!

Alma, Ainda e Sempre

Há portanto muito o que conhecer, há muitas ilusões e fantasias de que é preciso nos livrarmos, e voltemos ao princípio: todo esse trabalho, toda essa aventura, todo esse gasto – porque o paciente gasta muito dinheiro, o terapeuta se gasta – é feito em nome de se buscar uma evolução para o simples ser humano que somos, para que possamos viver com mais profundidade e atuar no mundo com o que possivelmente de melhor tenhamos, para que possamos fazer uma pequena diferença nisso que nos cerca, sem arrogância, heroísmo ou superioridade, dando assim consistência empírica a essa experiência a que chamamos alma. E o nome, afinal, não importa tanto assim – pode-se até adotar outro. Troca-se o nome, mas há uma dimensão sutil, uma experiência chamada alma. E ao dizer isso, ouço dentro de mim uma voz de alerta, de que até a palavra "alma" está se banalizando. Círculos de discussão há em que o tema virou feijão com arroz: tudo é alma, tudo vale se feito em seu nome. Dessas discussões resulta um palavrório imponente, quase um tópico literário. Para mim, a alma não é um assunto leve: seu âmbito é grave e pouco verbalizável, caso contrário o ouro em pó é varrido pelo vento.

Sutilezas e Desafios da Transferência

PARA MIM, não é cômodo e não é fácil falar de transferência, por uma questão de formação. Porque Jung não aborda muito a transferência, e quando o faz, escolhe expressar-se de maneira metafórica, servindo-se de um texto alquímico e, mesmo lançando mão desse recurso, muitos aspectos permanecem extremamente obscuros, sendo muito difícil aplicar clinicamente todo aquele conjunto de ensinamentos que ele transmitiu ao leitor. Fica não obstante evidente que Jung sabia muito bem que existe um fenômeno chamado transferência e que trabalhava com essa dimensão, mas ele escolheu – de novo uma questão de opção – não lançar sobre o fenômeno da transferência o foco de luz de sua reflexão, nem transformá-lo no eixo de seu trabalho analítico com seus pacientes. Portanto, ele não desenvolveu nem uma teoria, nem uma técnica, nem um uso especialmente enfatizado da transferência – diferentemente da conduta clínica e teórica assumida por Freud. Não pretendo aqui fazer julgamento de valor algum, discutindo se uma abordagem é superior à outra. Digo apenas que são escolhas. Continuo defendendo a ideia de que não procede praticar ambos os estilos ao mesmo tempo. Talvez seja uma limitação minha, talvez outros terapeutas encontrem uma maneira frutífera de combinar ambas as matrizes. Como esse não é meu estilo, não uso, nem sei usar a transferência e os acontecimentos que dela decorrem como material precípuo gerador do tipo de informação de que lanço mão para trabalhar. Na prática, percebo a dinâmica transferencial com os olhos semicerrados, sabendo que ela está ocorrendo e procurando silenciosamente um certo entendimento do que se passa. Vou então tentar dizer o que entendo por isso.

O analista, necessariamente, tem que saber prestar-se ao papel de receber projeções. Há uma necessidade, na psique de todo mundo, de poder dirigir-se a figuras da sua biografia, ou a figuras independentes desta, mas que povoam o imaginário humano. Há uma necessidade imperiosa de relacionar-se com essas figuras, de conversar com elas, de reagir a elas, de averiguar e resolver algumas questões, de pôr certas pendências em pratos limpos, de rememorar situações emocionalmente carregadas, de fazer perguntas a essas figuras, de conferir pela segunda ou terceira vez se a reação desse personagem é a mesma de sempre, ou se mudou. Todo mundo tem portanto uma necessidade eterna de uma conversa com a mãe. Essa conversa talvez tenha ocorrido com a própria mãe, talvez não; ela mesma talvez já não viva mais. Mas a necessidade de sentir de novo, ou de alterar, o que se sentiu na relação com a mãe, essa sim permanece. E pode ser atuada em vários ambientes, em várias relações, inclusive numa terapia, mesmo que o terapeuta seja um homem. Ocorrem portanto situações em que o paciente coloca-se na situação emocional de filho ou filha, e conversa com a mãe; ou a própria, ou a Mãe, no sentido geral. Mas quem é esse interlocutor chamado "Mãe"? É um interlocutor muito específico, de quem, o que está na posição filial, espera compreensão, amor incondicional, aceitação, incentivo, apoio, perdão.

Não estou pensando em pessoas que tiveram uma relação boa ou má com a mãe, e que resolveram ou não uma relação particular com ela. Eu diria: uma parte nossa sempre quer conversar com "a mãe". E essa conversa é típica e única. Você não discute necessariamente futebol, a bolsa de valores, imposto de renda, controvérsias político-ideológicas com a mãe. Há um temário, mais do que um temário, há uma modalidade de sentimento presente no relacionamento mãe-filho, e isso se manifesta, num plano rebatido, no relacionamento analítico. O terapeuta pode não perceber esse jogo de papéis, ou perceber, chegar a enunciá-lo, o mesmo podendo se dar com o paciente – para mim a questão não é tanto perceber ou não perceber, a questão é: qual é o conteúdo importante, o que é que um ser humano ainda quer resolver com esse personagem que a gente chama de mãe? Quer expressar uma gratidão por ter recebido a vida, quer se queixar por não ter recebido o que merecia? Quer dar sequência a uma conversa interrompida, por que ambos se afastaram, ou por que a mãe morreu, ou por que eles romperam a relação? Isso tudo são contingências. Mas o fundamental é esse diálogo único que se dá entre uma pessoa e a mãe. A sua própria, ou aquela figura que até um homem pode encarnar. Se observarmos com atenção, veremos que essa conversa tem um tom, um certo vocabulário, uma semântica própria. Dadas as escolhas que fiz, quando surge essa conversa eu a aceito e desempenho o personagem mãe, podendo ou não explicitar no momento esse tipo de transferência. Procuro antes de tudo desatar o nó, esgotar essa necessidade até então não saciada. O objetivo dessa empreitada toda é a despersonificação do arquétipo materno projetado sobre o analista, até que, para dizer como Maiakóvski em seu poema, "a mãe seja a terra, e o pai, pelo menos o Universo".

A mãe então não é mais uma figura da psique em busca de um ator que a represente: esgotada a personalização, a mãe se espalha pelo mundo, ou se aloja no interior do sujeito, como instância geradora de vida.

Lembremo-nos de que a transferência é uma modalidade de projeção. A projeção consiste em se perceber externamente algo que só é real no plano interno.

Na minha experiência de trinta anos nunca tive que passar por atritos ou conflitos difíceis de suportar em decorrência de transferências maternas ou paternas tão inamovíveis que abalassem o relacionamento. Mas situações desse tipo são conhecidas na literatura, e existem em várias práticas. Quer dizer, a transferência paterna ou materna pode se transformar num obstáculo à continuação da análise, numa fixação, e daí nada mais decorre; pode gerar atuações por parte do paciente, às vezes completamente inadequadas, exageradas e perigosas, porque este se apegou a um jogo de imagens, uma cena crônica de personagens de teatro, e o enredo daquele drama teatral se congelou num certo ponto, e não evolui mais. Mas no teatro de verdade não há congelamento da ação dramática.

Teatro da Psique

Examinemos o teatro grego. No teatro grego que conhecemos, o desenrolar da trama não se paralisa num ponto sem seguimento. Quando lidamos com os personagens da psique, é a imaginação que confere movimento à trama. Personagens: aquilo que apenas parecemos ser na aparência deve fixar-se. Minha grande preocupação é com o fluxo da estrutura dramática em que nossos personagens interiores desempenham seus papéis. Em cada relação terapêutica há uma estrutura que visa desenvolver-se numa certa direção. Não estou dizendo que a história seja sempre edificante, ela pode culminar num parricídio ou matricídio simbólicos. Você às vezes tem que matar uma *imago* parental muito negativa, mas você mata a *imago*, não o arquétipo. Se você teve na vida uma experiência com um pai ou uma mãe terríveis, que causaram um dano para a sua psique e o seu desenvolvimento, e isso agora é uma imagem interna, essa imagem tem que ser destruída, para que se reconfigure – não para que você fique desprovido de uma *imago* materna ou paterna. Se você não a abrigar dentro de si, não vai poder ser pai e mãe de ninguém, nem biologicamente, nem psicologicamente. A vida é uma sucessão de pais e filhos, de pessoas que se geram, se cuidam e se educam. Então, como pensar que alguém mata o arquétipo da mãe ou do pai? O arquétipo, não! Mas você pode matar o complexo terrível, que seria o funcionamento e o efeito daquela mesma *imago*. Então, eu não estou dizendo que seja sempre um entrecho leve. Nessas histórias da psique pode correr sangue.

O que fundamentalmente me preocupa é dar condições para que o drama se desenrole, que ele atravesse todas as suas etapas, considerando que o teatro, no sentido grego, é uma exteriorização da maneira como a psique funciona.

É uma ideia que tenho às vezes exposto: a origem do teatro grego está na psique, e a genialidade dos gregos foi transpor algo que ocorre diariamente no âmbito da psique para um palco. Com atores e com um texto, composto por dramaturgos geniais. Eles eram geniais porque conheciam o teatro interno. Criaram personagens que são réplicas dos que nos habitam. Para mim, a grandeza do teatro grego é precisamente essa. Quando se fala em transferência, estamos falando em personagens, que nada mais são do que criações da nossa mente. Nós vemos pessoas, mas além delas, vemos personagens. Às vezes o personagem fica entre mim e a pessoa; entre o paciente e eu, pode haver um personagem, que é uma ficção do primeiro, ou minha. E a mim cabe trabalhar de tal maneira que, no devido tempo, esse personagem que se interpõe se esvaia, perca substância, e o paciente comece a ver a minha pessoa, ou eu a ele, sem véus. De novo, fiz uma escolha junguiana. Para ajudar o paciente a atravessar o personagem que há entre ele e mim, revelo e exponho algo de minha pessoa. Ofereço um pouco da minha realidade, um pouco do meu ser. Como? Respondendo à maioria das perguntas que me fazem, saciando a maioria das curiosidades, compartilhando aquilo que considere que faça sentido compartilhar. Desfazendo as idealizações positivas, ao mostrar os meus defeitos, as minhas imperfeições, as minhas atribulações humanas, a minha cara, os vincos do meu rosto, a tristeza ou o brilho do olhar, um telefonema de casa no meio de uma sessão... Faço isso conscientemente, para permitir ao paciente saber que o que está sendo trabalhada é uma relação com uma pessoa em tudo igual a ele. Visando esvaziar uma galeria de personagens que entre nós se interpõe, mas que não obstante, num primeiro momento tenho que aceitar.

Se um paciente quiser trabalhar comigo e não tiver personagens, sua psique estará muito pobre, estará adormecida – eles são bem-vindos! Assim sendo, dentro da minha sala estarão meu paciente, minha pessoa e todo um elenco que a seu turno entra em cena. Às vezes tanto eu quanto o paciente temos que desempenhar personagens – sei disso e o faço, pois escolhi não desmanchar o jogo. Não quero desconstruí-lo, pois o mantenho em benefício do processo da alma. Considero que se a alma se multifaz, apresentando-se sob uma variedade de máscaras, que entrem todas, na esperança de que um dia a própria alma tire a máscara sob a qual se disfarça. Há momentos em que a terapia é um verdadeiro *bal masqué*, um jogo de fantasiados ingênuos. A gente mal se dá conta. Na contratransferência, eu é que estou projetando um personagem no meu paciente, e o estou tratando e reagindo a ele como um personagem meu. Por isso se recomenda que um analista se submeta a uma longa análise, para que possa discriminar em si o fenômeno da contratransferência e conhecer seus próprios mascarados. O analista pode se enganar a respeito daquela pessoa que está na sua frente, porque os seus fantasmas são capazes de se interpor entre ambos, o que torna bastante difícil o trabalho a ser feito. Ele tem que perceber, consertar, voltar atrás, reconhecer que errou, e aí é em benefício do paciente que – aí, sim, e isso eu faço – é preciso expor a contratransferência, que se tornou prejudicial para o paciente. Fiz um erro de julgamento, abriguei sentimentos que esse paciente não merece, por causa da minha contratransferência. Quer dizer, aí foram os meus personagens que atuaram. Agora, que fique claro: não é que eu me mantenha áulico enquanto terapeuta, completamente depurado, apenas o paciente sendo portador de personagens: eu também tenho os meus! Então, estamos ambos lidando com um campo intermediário, entre nós dois, que é povoado, densamente povoado. É cheio de falas, sentimentos, memórias, evocações, impulsos, que alimentam nossa conversa. Cada conversa, cada sessão é tramada pelos personagens que estão presentes naquele dia.

Esses personagens instigam a ação. E é muito tocante, numa sessão, observar a repentina mudança do rumo da conversa, pois é como se tivesse saído de cena um grupo de atores e entrado outro, com outro temário. Ora, convenhamos, estamos tratando de uma matéria sutil, que não tem nada de esotérica, não diz respeito a supostas entidades do além que baixaram em nossa sala – é apenas *pura psique e suas variáveis sintonias*. Pura psique extensa no espaço. Não precisamos recorrer a doutrinas iniciáticas sobre "manifestações", porque as doutrinas explicam tudo e o que nos interessa é observar por nós mesmos e tentar alcançar compreensões novas a partir da experiência. O que se manifesta é a psique. A psique povoa. Ela não está lá dentro de um órgão meu, meu cérebro, meu coração: ela povoa o ambiente e lhe transmite modulações. Ela não é visível, evidentemente. Às vezes revela-se nos gestos. Às vezes um ou outro dos parceiros dá corpo à *persona* visível do personagem interno, seja através da voz, nos movimentos do braço e da mão, da maneira de falar, do timbre, da escolha do vocabulário, do tom emocional, do olhar... quem quiser ver, vê.

Mas observem em que delicado terreno de sutilezas nos encontramos: é muito mais refinado do que teatro. É muito mais sutil do que a arte do ator, do diretor e do dramaturgo juntos. Por quê? Porque se conhece menos, há poucos nomes para designar tudo o que ocorre nessa cena, nesse palco íntimo e sigiloso. E quanto às ferramentas de trabalho? Como você vai lidar com essas asas de borboleta com ferramentas de ferro, pontiagudas e cortantes? Lembram pinças e ganchos da Idade Média. Estão velhas, defasadas, inadequadas. Que conjunto de ferramentas, conceitos e procedimentos temos para mexer nessas coisas? Nessa situação, um colega com uma boa formação psicanalítica sente-se muito mais seguro do que eu, porque usa as ferramentas que sua escola lhe dá, tendo sido exaustivamente treinado para aplicá-las segundo o endosso e o consenso teórico da Escola Psicanalítica, que sabe o que é bom para o paciente. Eu nunca sei, de saída.

Psicanálise e Prática Analítica Junguiana

Eu me submeti à Psicanálise, mais de uma vez – e não foi por mera curiosidade, mas por busca de ajuda. E confesso que numa das vezes não senti um efeito benéfico para a minha psique. Não estou fazendo um julgamento genérico, mas essa foi a minha experiência. Em outra ocasião houve sim um contato profundo e mobilizador de importantes mudanças, efeito do calor humano e da personalidade libertária do psicanalista com quem permaneci por alguns anos num rico e estimulante diálogo. Na verdade, de ortodoxo ele não tinha nada, mas era portador de um forte Eros e de um genuíno desejo de comunhão. Não obstante essa experiência extremamente positiva, eu me sentiria um usurpador se usasse ferramentas, teorias e conceitos que não são meus, que não fui treinado a manipular segundo um certo ponto de vista teórico, porque facilmente poderia errar a mão, ferir e deixar cair no chão a ferramenta. Ato falho, por exemplo, não é complicado de observar; não familiar, para mim, é o assim chamado "manejo da transferência". Por exemplo, um paciente meu uma vez me contou, lastimando, que ao iniciar sua sessão com um psicanalista de determinada linha, contou que estava muito chateado por ter raspado a lateral de seu carro ao estacioná-lo, ao que o analista retrucou: "Isso é uma agressão a mim. Você raspou o carro porque estava com raiva de mim". Eu não sei dizer coisas do gênero. O que quero dizer é simplesmente que essa não foi a minha escolha, não é a minha escola, eu não sei fazer isso. Tudo o que pretendo é refletir sobre a maneira como pratico nosso ofício, que provavelmente não é comum e corrente nem mesmo na inovação dita pós-junguiana.

O que aqui exponho é o que aprendi, o que pensei, o que desenvolvi. Minha trajetória é conhecida, e compõe-se de passos e etapas. A maneira como entendo a prática clínica é fruto dessa travessia. Se me perguntarem se trabalhar assim é fácil, eu diria que é dificílimo. Mas quando estou no ofício – e é diariamente – esqueço que é difícil e mergulho naquela área, porque confio que esteja fazendo aquilo que deva ser feito por mim, e que aquilo resultará num movimento transformador para o meu paciente – e isso eu observo criteriosamente. Com muito método, com rigor. Faço um registro escrito após o término de cada sessão de análise. Portanto, tenho três décadas de sessões escritas. Porque preciso observar. Para mim, essa é minha grande pesquisa, que nunca poderei publicar, já que é regida pelo sigilo – mas ela é fundamental para mim. Tenho que observar, para ver o que acontece. Ou para me reorientar.

Ou talvez para chegar à conclusão de que esteja fazendo errado alguma coisa, ou que alguma coisa não dá certo.

Mais Sobre Transferência

Mas o que eu queria transmitir aqui é que há muito mais entre um terapeuta e um paciente do que sonha a nossa vã filosofia... Há muito mais. Não se conhece tudo o que se passa nas áreas mais recônditas de nossa subjetividade e nos fatos menos compreensíveis de nossas vidas, e há escolhas a serem feitas, pois é nessa zona de lusco-fusco que o trabalho acontece, é nessa zona lunar, fugidia e rarefeita. O que se percebe é que um paciente está narrando fatos, está contando uma história, ou está fazendo uma queixa, e o analista está ouvindo. Isso é o perceptível: mas está ocorrendo muito mais do que isso. E esse muito mais é que é a verdadeira matéria do trabalho psíquico. É com pensamentos desse tipo em mente que reflito sobre a natureza da transferência.

A Psicanálise diz, e acho que com razão, que se não houver transferência não é possível desenvolver a análise. Portanto, esse processo de surgimento de personagens, de percepção no outro de coisas que não são da sua natureza pessoal, é fundamental para que ocorra o processo. O esperado, repito, é uma contínua evolução, ou melhor, uma contínua metamorfose da transferência. Pessoalmente, sinto-me incomodado quando há uma transferência positiva demais. Não me sinto bem ao ser idealizado, ao ser visto como melhor do que sou, mais capaz do que sou – isso tudo me incomoda muito. Tento desmanchar essa percepção irrealista e estabelecer um terreno onde o paciente me perceba um pouco mais na minha humanidade, sem me levar para áreas elevadas demais, que o distanciam de mim. Suporto transferências de todos os tipos – eu tenho que suportá-las – e alguns processos não me custam esforços demasiados, não me criam o menor problema. É algo que sei que está acontecendo, e vivo, levo aquilo adiante, porque acredito no andamento do processo. Não me sinto à vontade para ficar discorrendo sobre esse tema enquanto tema, enquanto foco. A situação transferencial está lá, mas evito dirigir-me exatamente a ela. Alternativamente, opto por concentrar-me no conteúdo declarado da conversa (com um ouvido para outros conteúdos não explicitados), ou no movimento do fio de associações do paciente, que se expressa através de uma fala oriunda da transferência. Fica claro, isso? São duas coisas: vou para uma e não para a outra. Mas repito: não estou afirmando que esteja certo ou errado, digo apenas que esse é o jeito que faço, foi assim que tive minhas melhores experiências de análise no período de minha formação, quando ouvia de meu analista, muito mais idoso do que eu, que essa havia sido a maneira como Jung o tratara. Para mim era portanto uma questão de escolher o caminho que eu queria seguir. Já naquela época se falava, no Instituto C. G. Jung de Zurique, de outras abordagens, por exemplo a da escola junguiana de Londres, que tentava várias aproximações com a psicanálise. Como tenho uma afinidade intelectual, de valores e de princípios, com o Jung que me foi apresentado por analistas que trabalharam diretamente com ele, sigo essa linha e a partir de um certo momento comecei a traçar meu próprio caminho.

Transferência e Sentimentos Genuínos

É possível haver sentimentos verdadeiros entre um analista e um paciente, já que entre ambos há tantos personagens, há tanto éter, há tanta fumaça? A minha resposta é que sim. A minha resposta é positiva, porque, com o andamento do processo, que é uma longa interlocução, um longo dar-se a conhecer, um longo cuidar de partes feridas e sofridas, ou mal estruturadas, ou afetadas por emoções negativas – ao longo desse processo muitas vezes surge uma condição que dá nascimento a sentimentos, que não puderam aparecer antes, que não puderam ser experimentados daquela maneira, anteriormente, na vida de uma pessoa. Então afirmo: o processo transferencial e contratransferencial não impede o surgimento de sentimentos que não sejam ilusórios nem projetivos, partilhados por seres reais e não por personagens. As duas coisas andam juntas. Um analista suíço da geração anterior à minha,

Mario Jacoby, escreveu lindamente a esse respeito[1]. Diz ele que muitas vezes uma análise termina e as duas pessoas continuam ligadas por uma genuína amizade, por um verdadeiro sentimento amoroso, pelo resto da vida. Porque aquelas duas pessoas viveram níveis de troca, de interlocução, de colaboração, que criaram uma base sólida para sentimentos duradouros. Raramente, mas também existe, surge amor. Há casos em que o par encerra a análise e inicia uma relação conjugal, uma relação amorosa. Conheço vários que deram certo. Quer dizer, um descobriu o seu amor no outro. Isso existe, também, não é uma farsa ou uma brincadeira, mas é bastante raro. Como é possível isso ocorrer? Duas pessoas não se encontraram em qualquer lugar do mundo, encontraram-se dentro de um consultório, de um *temenos*, brotou em ambas um genuíno sentimento de amor, elas se juntaram e passaram a viver amorosamente juntas. Essa é uma situação complicadíssima, porque infringe todos os tabus, todas as advertências. Porque, é claro, é uma zona de perigo. E a possível sedução de parte a parte? E o risco de engano de julgamento? Quando é o paciente que está seduzindo? Quando é o terapeuta? Aquilo é uma atuação visando tirar proveito da posição de um ou de outro para se conseguir uma coisa desejada? Aí a história é outra.

Mas o meu assunto não é este. O meu assunto é dizer que a transferência não impede o surgimento de sentimentos e de vínculos. Agora, há uma prática, há um procedimento que recomenda que, na vigência do trabalho analítico, adote-se uma certa reserva, evitem-se coisas que até poderiam ser atraentes, e que até podem nos dar vontade de fazer, mas que, em geral – não que não haja exceções – deve-se procurar evitar. Por exemplo, conviver fora do consultório, ampliar o relacionamento na esfera social. Isso é uma praxe, um costume, mas há exceções. Porque, sabe-se, existe: analistas e pacientes fazerem um trabalho criativo juntos, ou um outro trabalho qualquer, ou participarem de algo. Nesses casos

1. Cf. Mario Jacoby, *O Encontro Analítico. Transferência e Relacionamento Humano*, São Paulo, Cultrix, 1995.

é fundamental confiar na legitimidade dos sentimentos, nos valores e na ética, e na adequação das pessoas. Mas é lógico que essa área requer muito cuidado, muita atenção e muita discriminação. Porque ela tem os seus riscos. Qual é o risco? É gerar ilusão, alimentar algo que não é real, que não se apoia numa base psíquica autêntica, mas apenas numa fantasia. Então, isso tem que ser cuidado. Esse campo é, como o mundo, cheio de maravilhas e de perigos. Porque, afinal de contas, uma terapia é uma relação de cuidado, é cuidar da psique. É uma relação de cuidado, não é uma relação para ganhar dinheiro, para fazer coisas, para se distrair, para se divertir, para passar o tempo, para facilitar certos aspectos da vida de ambos. Não, ela é uma relação de cuidado. Não se pode perder de vista esse aspecto fundamental. Eu, como terapeuta, estou constantemente cuidando, protegendo. Nas relações humanas, em todas elas existe transferência. Então aquilo que ocorre no consultório não é nenhuma anomalia. Só que no consultório aquilo adquire um sentido mais amplo e merece uma reflexão maior, uma atenção mais depurada, e conforme a escola que se segue, lida-se com a questão de uma maneira ou de outra.

Transferência, o Cerne da Questão

Noto que um traço comum de quem exerce a profissão de terapeuta, ou está se preparando para exercê-la, é a manifestação de uma ansiedade muito grande a respeito do tema da transferência, como se houvesse um aprendizado muito longo, muito complexo e muitos segredos guardados pelos mais velhos ou pelos professores, de forma que um grande número de pessoas fica se perguntando: "Quando é que vou aprender a lidar com a transferência, ou a compreender esse fenômeno?" – como se isso fosse uma diplomação, ou uma iniciação. Há muita ansiedade. Analistas em formação perguntam-se uns aos outros: "Você já trabalha com transferência?", como se fosse um estágio pós-graduado, quando você já está num patamar mais elevado. Então, até na profissão dos terapeutas existe muita ansiedade sobre a aquisição de uma capacidade muito difícil de ser obtida, para se lidar com um fenômeno complexo demais. Eu pessoalmente não gosto nem dessa ansiedade, nem dessa concepção do fenômeno difícil de lidar. Por isso eu procuro outro caminho, tanto para trabalhar e lidar com a questão, quanto para refletir sobre ela.

A transferência é um fenômeno que já tem uma longa história, quer dizer, é possível estudar cronologicamente como e quando Freud cunhou esse termo, quando detectou sua aparição em seu consultório – e lá se vai um século – e como isso alimentou muita teoria, muita discussão técnica e, como digo, o assunto virou um tema reservado aos iniciados. Usa-se muito jargão, não é um assunto que se discuta publicamente, há toda uma aura que reveste a questão, e uma ampla polêmica, da qual não participo.

Pessoalmente, prefiro encarar os fenômenos que ocorrem numa terapia como fatos conhecidos da humanidade desde sempre, não como ocorrências que surgiram pela primeira vez a partir da prática terapêutica. Vejo duas facetas para o fenômeno da transferência. Uma, que é a dificuldade de conhecer o outro na sua objetividade, na sua real natureza: uma pessoa ser conhecida por outra. Esse é um aspecto, depois vou falar de um segundo. Então: as pessoas se enganam umas com relação às outras. Em qualquer situação, não é apenas numa terapia. Pensa-se que fulano é assim, e descobre-se que ele não é. Ou a gente percebe aquela pessoa da mesma maneira que em outro contexto percebeu outra por ela evocada, e passamos a achar que esta é portadora das qualidades da primeira – mas isso sou eu quem sente e pode não ser a realidade da outra pessoa. Nessas condições, posso sentir que tal pessoa tem um atributo paterno com relação a mim, mas esse é um sentimento apenas meu, uma questão minha, porque eu comparo alguém com o pai que tive ou não tive, parto da necessidade que tenho ou não de pai – vocês lembram que aludi a um teatro de personagens desempenhando papéis dramáticos? Essa questão de até que ponto um indivíduo pode conhecer outro está presente desde os primórdios da sociabilidade humana e é função do lento desenvolvimento de uma modalidade da inteligência que permite a compreensão da interação social. Esse tema igualmente está presente nos mitos e na literatura de todos os tempos, que expressam o engano, a ilusão, a pseudopercepção do outro.

O que estou tentando desenvolver aqui é uma abordagem sócio-histórica para evitar tratar a questão da transferência de maneira apenas técnica, e de modo a amainar ansiedades decorrentes da postulação de um segredo ou de proficiência técnica. Quero abrir um prisma para enquadrar a transferência como um fenômeno amplo, vasto, antigo, próprio da condição humana. E mencionei dois ângulos.

Um ângulo é este, e repito: nos relacionamentos humanos sempre foi e sempre será difícil conhecer outra pessoa, como nós dizemos hoje, de maneira objetiva, na sua objetividade, ou na sua real maneira de ser. A psicologia explicou por que é tão difícil chegar à outra pessoa por uma via desprovida de mediações, e um dos mecanismos responsáveis pela dificuldade é a projeção, ao lado de outros. Todos nós temos imaginação, alimentamos fantasias, embelezamos o que é feio, não reconhecemos às vezes o valor lá onde ele se encontra, ocultamos preconceitos e juízos formados e peremptórios. Isso é humano, ocorre em qualquer cultura, época ou lugar. Não é apenas na relação terapêutica que vai aparecer esse fenômeno segundo o qual o paciente irá perceber na pessoa do terapeuta aspectos, qualidades, defeitos ou atributos que não estão lá.

Uma maneira maravilhosa de refletir sobre isso é ler a obra de Marcel Proust, esse grande mestre de psicologia – e volto a ele. No decorrer dos sete volumes de *Em Busca do Tempo Perdido* o narrador vai, com o passar do tempo, mostrando como sua percepção dos personagens que cria a partir de vivências reais vai aos poucos mudando, pois o narrador vai descobrindo cada vez mais a verdadeira personalidade das criaturas que num momento aparecem como encantadoras, nobres e elevadas, mas de quem o passar do tempo revela um lado sombrio, inesperado e desconcertante. A questão do engano a respeito do outro é aprofundada de forma magistral e sublime por Proust em sua vasta obra. A meu ver, portanto, o problema do conhecimento do outro ultrapassa a Psicologia e torna-se um tema filosófico. Será que alguém é capaz de conhecer alguém por completo? Será que as pessoas que convivem durante muito tempo realmente chegam a se conhecer a fundo? A discussão mais rica é aquela que mostra como é difícil conhecer os outros, por limitações do próprio aparato humano de que lançamos mão para o exercício de conhecer seja o que for. Localizo portanto a transferência no interior desse fenômeno maior.

Dimensão Arquetípica da Transferência

Outro aspecto que me ajuda a compreender a transferência é vê-la não, novamente, como produto específico da relação terapêutica e que apenas nela viceja, mas como um comportamento humano que tem, a meu ver, uma raiz muito profunda e antiga, que eu poderia chamar de "arquétipo da busca pelo outro". Mas também não preciso usar essa expressão, não é exatamente essa expressão que importa. O que importa para mim é o seguinte: entre animais das várias espécies há um instinto gregário, que não é só o do acasalamento, é o instinto de estar junto. Muitos tipos de animais procuram-se uns aos outros e convivem, alguns em grupos altamente organizados e hierarquizados. Mas até entre os animais é perceptível essa busca do outro, da companhia do outro, do viver junto com o outro. E na evolução dos antropoides e do nosso *Homo sapiens*, essa busca pelo outro ficou muito mais intensa e foi adquirindo significado, foi adquirindo uma elaboração, uma explicação, uma organização.

Poder-se-ia então dizer que existe um instinto humano de procurar um outro, e já não vamos ficar no nível da companhia, da autoproteção ou do acasalamento. Trata-se da busca de *um outro capaz de me compreender*. Num primeiro momento foi dito: é muito difícil um ser humano compreender o outro. E num segundo: mas o ser humano é portador de um instinto de procurar um semelhante que o compreenda, que o decifre, que o veja como é. Reconhecemos portanto a presença de dois movimentos opostos, porque não é fácil conhecer o outro, e não é fácil encontrar aquele que eu tanto desejo encontrar, que é aquele que me compreende, e com quem eu posso ser exatamente aquele que sou e como sou, pressentindo que a compreensão do outro voltada a mim me ajuda a ser integralmente. Os termos da questão poderiam ser: a transferência é a manifestação contemporânea, observada e teorizada na terapia, de um fenômeno geral, um comportamento arquetípico, no sentido de que ele é anterior às formas culturais – sendo antes de mais nada uma pulsão de busca por um outro que nos compreenda.

Na terapia isso fica muito sensível e agudo, porque é claro que o paciente está procurando esse alguém. O grande desejo de um paciente é encontrar uma pessoa que o compreenda até naquelas áreas onde ele próprio não se compreende. E aí pode ocorrer uma transferência inicialmente negativa: o paciente colocar nos olhos do analista um olhar que não é o deste, mas de outro, por exemplo, o de alguém que não o compreendia. E embora o analista esteja tentando compreendê-lo, o paciente pode sentir que este não seja capaz de fazê-lo. E pode bem ser que não haja nada de objetivo nessa sensação. Agora, o que me ajuda a lidar no dia a dia, sentado na frente de uma pessoa, e eu me lembro disso constantemente – através da troca de olhares – é que aquela pessoa está fazendo uma coisa que qualquer ser humano faria: ela está esperando que eu, como terapeuta, seja capaz de compreendê-la, que seja capaz de conhecê-la. Sei muito bem que isso é difícil de fazer, de parte a parte. Para que eu consiga chegar a conhecê-la, e ela sentir-se conhecida, é preciso um ofício. Nosso ofício tentamos exercê-lo, mas essa situação de base não é produto exclusivo da terapia: é *anterior* a ela. É assim que o ser humano existe.

Gosto de entregar-me a essas percepções paleontológicas ou biológicas para escapar do aprisionamento técnico. Porque este cria ansiedade no terapeuta, no paciente, no terapeuta em formação; cria uma falsa expectativa de que chegará o dia em que o profissional domine e controle o desafio – não gosto dessa ideia de que finalmente se conquistou o domínio – e quando se concentra demasiado foco nessa questão, o próprio foco excessivo tira de foco outros aspectos que, a meu ver, não podem ser perdidos. O que proponho é portanto uma certa tranquilização e uma aceitação mais esclarecida da maneira como se estabelece o relacionamento terapêutico, sabendo que isso faz parte da maneira humana de se comportar. E com isso já se elimina um pouco de ansiedade e distanciamento.

As ideias que estou defendendo não são correntes, porque não estou colocando o foco do trabalho terapêutico nisso que se chama relacionamento de transferência e contratransferência, porque estou convencido de que muitas vezes tal postura pode levar a uma perda de proporção, a uma distorção daquilo que está acontecendo, baseada na ideia de que se os instrumentos de análise da transferência forem suficientemente afiados e eficazes, consegue-se promover uma transformação, uma conscientização, um efeito, que acredito ser mais uma fantasia do que uma realidade.

Prefiro considerar seriamente um aspecto do comportamento humano, que é a busca por alguém que me compreenda, como disse antes. Não é a mesma coisa que dizer: procuro alguém que me ame. A busca a que me refiro é maior e mais ampla do que o desejo de ser amado, de ser protegido, ou de ter uma companhia. Espero que proceda eu dizer que no fundo se trata de uma questão ontológica, no seguinte sentido: o meu ser, para poder tornar-se consciente de si mesmo, precisa de um outro que o veja da maneira como creio ser a minha, e única, maneira de ser.

Se vivo essa experiência – e muita gente vive, não estou pensando em terapia, mas em relacionamentos humanos – se vivo experiências onde sinto que estou sendo compreendido, decifrado, aceito, percebido por um Outro, dialeticamente essa minha sensação de que o Outro me percebeu reforça meu próprio ser e lhe confere mais realidade, criando-se então, provavelmente, um processo de vir-a-ser, de desdobramento do ser – que é precisamente o que Jung chama de individuação. Então: como o próprio Jung disse que a individuação não pode ser levada a cabo solitariamente, não adianta retirar-se para o alto da montanha, e ficar analisando os próprios sonhos durante vinte anos, ficar fazendo autoanálise e autorreflexões, supondo a pessoa que, uma vez terminada essa tarefa, é hora de descer da montanha e voltar à comunidade num estado individuado, ou seja, tornada um ser para si mesma, ou um ser completo em si. Não. Esse processo se vive no relacionamento, na vida em sociedade, no atrito com as outras pessoas, no embate, nisso que se chama interação social – tão bem estudada pela Sociologia clássica.

Ora, o aspecto sutil e não observável, pois não se trata de um comportamento, mas de uma vivência interna, é o que me interessa formular. Há um anseio por este outro ciente de mim – e só para não perder a conexão, embora eu não possa desenvolvê-la aqui – o ápice desse compreendedor absoluto é a figura de Deus. Por ser ele onisciente, e no que diz respeito a mim, segundo a fantasia ou a concepção de Deus que se tem nas religiões do Ocidente, Deus está olhando para mim o tempo inteiro, está acompanhando todos os meus pensamentos, minhas boas e más ações, minhas histórias, e como não posso fazer nada escondido dele, então ele me conhece totalmente – o que para muitas pessoas é um grande alívio. Há pessoas que declaram que só Deus as compreende, e no dia em que elas estiverem ao seu lado estarão plenas e felizes, porque alguém finalmente as compreendeu. Na verdade muitas pessoas dialogam com Deus, nas suas preces, nas suas imaginações ativas, de um modo e num estilo com que não conseguem dialogar com ninguém mais, porque ali a pessoa se dirige a um Alguém que julga ser seu profundo conhecedor e não seu crítico; um conhecedor que não critica, apenas. Mas não estamos aqui na esfera teológica, de defender a ideia de um Deus conhecedor. O que procuramos é reconhecer e compreender essa necessidade humana de ter a vivência de ser conhecido.

E se digo que isso é um problema ontológico, estou dizendo que a relação a dois, a díade, o eu-tu promove esse estado de explicitação do ser-para-o-outro e para si mesmo que ao mesmo tempo alimenta um processo de autoconhecimento. Podemos estão adotar os seguintes termos: o autoconhecimento não se atinge no alto da montanha ou no fundo da caverna, mas numa relação, primeiro na esperança de que o outro tenha esse conhecimento de mim; e à medida que o outro me conhece, eu passo a me reconhecer. Creio ser esse um dos fenômenos mais sutis e mais difíceis de descrever numa terapia, especialmente em termos técnicos; mas até em termos não técnicos, em termos filosóficos, o que é que de fato acontece quando pessoas estão procurando pessoas? Quando se precisa romper a barreira da solidão? Quer dizer, romper a barreira da solidão não é apenas ter alguém fisicamente próximo. A verdadeira solidão é eu não ter ninguém que me conheça – não socialmente, ou pela lista de telefone – mas alguém que tenha acesso à minha interioridade. A pessoa só, nesse sentido, realmente é uma pessoa que sofre, creio eu, porque ela não despertou em ninguém o interesse de empreender esse sério esforço de vir a conhecê-la. A solidão sociológica é um isolamento, é uma ausência de terceiros. Mas *a solidão psicológica é não merecer que outra pessoa faça o esforço de nos conhecer.* A partir deste ponto, estamos pensando e trabalhando com a ideia de conhecimento. Quero e preciso que alguém me conheça. Se sinto que alguém me conhece, eu sou mais; e ao ser mais, eu passo a me conhecer. A terapia é uma prática dessa necessidade. É uma prática feita com certos cuidados, com certos controles, com certos conhecimentos adquiridos, com certas observações, mas no âmago, cada vez que chega um paciente, ele vem com essa esperança: será que essa criatura, que talvez se torne meu analista, tem a capacidade de me conhecer e de me compreender? Parece-me que uma das razões pelas quais um paciente permanece no esforço da terapia – porque é sem dúvida um esforço, que custa muito, dá trabalho e é longo – é porque de alguma maneira isso está acontecendo. E se não estiver, eu diria para o paciente que é melhor ir embora, porque ele não encontrou aquilo que estava procurando. Ou seja, esse desejo e essa necessidade são legítimos. Uma pessoa quer ser compreendida por outra, exatamente porque não está sendo capaz de compreender-se a si mesma. E nós podemos chamar isso de transferência. Mas também podemos não chamar, e ficar com essa visão mais ampla. Tecnicamente falando, se não houver uma transferência é muito difícil fazer um trabalho terapêutico. Mas trocando as palavras: se o paciente não estiver com essa procura, de alguém que lhe promova uma sensação de estar sendo conhecido, também não há terapia. E como evito apegar-me demasiadamente a certas palavras – embora as adore, mas sem reificação – não importa muito o nome que se dê para isso, o que importa é compreender o nível sutil, o valor da experiência de vida, e isso é simples de se observar. Porque não é agradável conviver com uma pessoa que sentimos ser incapaz de nos compreender ou de nos perceber do jeito que somos. Sente-se na pele, no clima, no olhar. Isso não é agradável, não é propício para a nossa expressão, nosso estar, nosso ir sendo.

Não que a percepção deva ser positiva e nunca negativa; o problema é que ela é enviesada, defeituosa, deformante, porque até a percepção sagaz dos meus defeitos por alguém pode ser algo que me doa, mas que reconheço ser real. Porque mesmo no incômodo posso dizer: "Mas essa pessoa me vê!" Ela consegue inclusive perceber algo de negativo em mim, que eu mesmo tenho dificuldade de perceber. Ela apontou; ora, é uma fina percepção. É por isso que um paciente suporta quando o terapeuta aponta a sua sombra, se o processo caminhar dessa maneira. Porque o paciente sente assim: "O meu terapeuta está vendo algo negativo meu, que eu não vejo". Mas o que é mais importante? O meu mal-estar de ver nomeado algo negativo meu, ou a capacidade de ver do outro? É a capacidade de ver do terapeuta, que vem em primeiro lugar, como experiência para o paciente. Então, não se espera que ele só veja o belo, mas que veja o justo e o verdadeiro.

Eu queria poder dizer: *o ver como perceber*, *o ver como conhecer* o outro. Acho que essa é a grande busca por parte de todo mundo, por parte do paciente, em particular, e, no que diz respeito ao terapeuta, faz parte de seu ofício, o ofício de *tentar ver*. Mas não é simplesmente para corresponder ao desejo do paciente, pelo que se é pago, isso seria uma visão pequena. É um laborar ativo por parte do terapeuta, porque é um desafio para ele também e é precisamente isso o que faz dele um terapeuta. Perceber o outro, perceber o não óbvio, o não manifesto, o não revelado, aquilo que ainda não nasceu, aquilo que está em estado de latência, ou sentimentos que às vezes nem o paciente sabe nomear, estados de espírito, estados da mente... Isso é o ofício do terapeuta, e não é fácil exercê-lo. E sendo esse também o desejo do paciente, fazer o trabalho faz sentido para ambos.

Há mais, relativo ao "conhecer": o termo grego *gnosco* deu em parte origem ao nosso *conhecer,* que se formou através do latim *cognosco, cum + gnosco, conhecer com,* aí assumindo enorme importância o prefixo *cum,* que designa comunicação, partilha, experiência conjunta. Só se *co*nhece *com* o outro, em *com*unhão[2].

É bem o que eu estou tentando formular. Isso referenda totalmente o que estou buscando, porque digo que há um anseio arquetípico de que o outro me conheça para que eu me conheça; sozinho não há conhecimento. E o que se busca é onde estão essas pessoas: quem são elas?

Não sei se é exatamente essa a ideia que norteia a formação de jovens terapeutas. Não sei se essa ideia fica minimamente clara para eles. Meu temor é que não fique. A noção predominante nos círculos de estudo e formação é a de que o domínio e a aplicação correta das técnicas no *setting* terapêutico promoverá a obra. Em definitivo, não estou alinhado com esse pensamento. Acho que a obra – sim, e que obra! – não é feita assim, e talvez nem estejamos falando da mesma obra. Para mim, além do contato com a dor da alma há uma questão crucial de conhecimento.

Especificidade de Cada Ser Humano

A busca desse conhecimento específico faz parte desse conjunto de atividades humanas dirigidas a esse fim, porque cada ser humano é único, e muitas vezes é como se fosse preciso começar do zero. Jung dizia que a melhor maneira de começar um trabalho com um paciente é esquecer tudo, tudo o que se sabe, tudo o que se aprendeu, tudo que se viu os outros fazerem, como se fosse possível – mas na verdade, ao pé da letra, não é. Trata-se antes de um posicionamento mental e psicológico que diz assim: "Estou neste momento diante de alguém que nunca vi antes, nunca vi outro igual, e minha tarefa é procurar algo único". Devo portanto precaver-me do erro de dizer: "Ah, o caso dessa pessoa é igual ao

2. Aqui foi novamente Adélia quem me elucidou.

caso 32, e ao caso 85, e ao 94. Já sei. Esse cai nesta categoria; este outro, naquela" – exatamente o que por exemplo um dermatologista faz: este é um caso de psoríase. Ou um dentista, um advogado, um mecânico de automóvel. Nessas outras atividades, você vê casos classificáveis: o problema é geralmente causado pelo mesmo fator, pode ter certeza, isto causa aquilo, mexe aqui que vai dar resultado ali. Você já fez isso, deu certo, faça outra vez e certamente vai dar certo de novo.

Esse paradigma está completamente deslocado, especialmente para quem segue a visão junguiana, segundo a qual cada ser humano é único, como as impressões digitais, ou a íris, ou a composição genética, ou os traços da face. Esse fato incontestável foi a própria natureza que engendrou, pois entre os atuais seis bilhões de seres humanos, somados aos incontáveis outros que os precederam não há dois iguais, como não há duas árvores, dois crepúsculos ou dois sonhos idênticos. Nós humanos somos todos iguais e no entanto cada um é único. Ora, o difícil é perceber claramente esse um, é perceber esse indivíduo. O desafio inicial com que se defronta o terapeuta em seu ofício é precisamente voltar para a estaca zero a cada vez. Na verdade, ele não volta literalmente para a estaca zero, mas é como se fosse. É uma pesquisa que vai começar do "zero" – e é uma busca de conhecimento, então: conhecimento que começa a ser construído. Senão, você cai nos estereótipos, nos preconceitos, na matéria julgada, na *jurisprudência terapêutica*, no já conhecido, no *déjà-vu*. Será possível que depois de trinta anos de prática qualquer paciente que me apareça seja um *déjà-vu*? Já vi isso, já sei, já conheço... Recuso-me a trabalhar assim, porque uma postura desse tipo me entedia e não me interessa.

Num caso assim, poder-se-ia então dizer que um terapeuta tem prazo de validade, porque depois de alguns anos ele já viu tanto que não há mais nada de novo sob o sol, e fica igual a um relojoeiro hábil, porque conhece os mecanismos de relógios, no fundo todos iguais. Não, não. E como sempre repito que toda essa questão gira em torno de escolhas, escolho trabalhar assim: sempre, a cada vez, há algo que se vai conhecer e que não era conhecido antes. Porque senão pensaríamos que depois de um certo número de sessões o terapeuta já conheceu o que havia por conhecer. E o resto é o quê? É classificação e transmissão desse conhecimento? É implantação de novos circuitos neuronais? Digo que não, o conhecimento é continuado. É claro que escalam-se patamares, como numa amizade: depois de um certo tempo você tem uma ideia bastante razoável a respeito da outra pessoa. Mas pode-se dizer que o ciclo se fechou e que o conhecimento está completo? Não posso fazer tal afirmação, mas a oposta. Tenhamos em mente a antiga ideia do vir a ser: não são processos? As pessoas não estão em processo? Como poderei prever o que quer que seja?

E aí entra de novo o trabalho do terapeuta consigo próprio. Eu diria que com o passar do tempo – sei que repito um pouco, mas vá lá – este não fica mais seguro, não fica mais senhor da situação, não fica tirando de letra, não fica já sabendo de antemão, mas – e nisso vale a pena trabalhar – o terapeuta tem que refinar sempre, sempre o seu olhar e a sua sensibilidade. Ele é obrigado, pelo ofício, a refinar seus órgãos de percepção. Todo o seu instrumental sensorial, reflexivo, intuitivo, captativo, extrassensorial, seja o que for: as antenas, o aparato para conhecer. Essa é a tarefa do oficiante, e é exatamente essa a que deve aprender. A experiência tece esse aprendizado e o tempo o modula.

Estamos portanto na área do conhecimento, diversa porém de uma pesquisa científica. Duas pessoas sentadas frente a frente, tão simplesmente como se estivessem esperando o ônibus chegar, seguindo uma pauta de conversa absolutamente não programada, que pode num minuto passar do prosaico ao sublime. Não se pode eliminar a fala rasteira, porque ela também faz parte dos conteúdos da subjetividade. E ao praticar com constância esse exercício, muitas vezes dei-me conta de que no meio de uma conversa banal, ou que começou de maneira totalmente despretensiosa, factual demais ou superficial, repentinamente se acende uma pequena chama e de improviso desponta um sentido e abre-se um campo de aprofundamento. Isso acontece, isso é empírico, é só preciso ter uma atenção tranquila. Não vai acontecer o tempo inteiro, não vai acontecer todos os dias. Nós não operamos na faixa sutil o tempo todo, mas certamente somos capazes de eventualmente contatar essa faixa menos densa.

A certa altura mencionei que a entrada repentina de um sonho numa conversa altera completamente não apenas seu rumo mas, no que diz respeito ao terapeuta, seu estado de funcionamento mental, como logo a seguir o do paciente, que perceberá naquele ofício com a matéria pensante um tremendo esforço de conhecê-lo, através do seu sonho. Aí temos outra maneira de a pessoa se sentir conhecida. Não pela interpretação, lançada de imediato; não, é o processo de ficar circulando aquela matéria, de ficar tirando as pregas, explicando (*ex-plicare*), descomplicando, aí está o esforço de conhecer. E quando eu digo conhecer o outro, que fique bem claro: não me refiro apenas a conhecer a personalidade do outro ou sua biografia. Isso é pouco. Não é só conhecer a personalidade: é conhecer progressivamente níveis acima de níveis do estado do ser. Não é assim: "Eu tive tal reação, você me compreende?" – "Ah, compreendo que você teve essa reação, porque você é assim, o outro te agrediu, então você..." Isso para mim é a capa, a tampa da história, "compreender" nesse sentido não é conhecer. Não, o objetivo é conhecer o funcionamento de processos que mal chegam a ser nomeados. E sabemos que alguns são altamente desejáveis, como: quebrar vícios de pensamento, desmontar circuitos repetitivos de reação emocional, mudar uma visão de mundo, libertar-se do passado ou libertar-se de ideias ou hábitos aprisionadores, ou de uma estreiteza da mente etc. – processos desse tipo é que precisam ser conhecidos, em cada pessoa de um jeito. Defrontamo-nos portanto com um grande arco de busca de conhecimento. E evidentemente não se trata de educar um paciente, pois não participamos de uma relação pedagógica. A relação é ontológica.

"Técnica"

Quando se adota uma visão desse tipo, a questão das técnicas utilizadas no trabalho clínico torna-se absolutamente secundária. Desnecessário dizer que é preciso servir-se de alguma, posto que o processo não é conduzido arbitrariamente e afinal toda boa técnica baseia-se na observação. Alguns procedimentos são frutíferos, outros não. Para mim a técnica é uma questão de aprendizado com a prática, de como conduzir minimamente um processo evitando que malogre, gerando efeitos desestruturadores. Mas não passa disso, é quase um aprendizado do bom senso. E não acredito que o mero aprendizado técnico transforme alguém num terapeuta.

Pesquisa

Quando comecei a atender, meu analista aconselhou-me a escrever todas as sessões, e todos os sonhos que eu ouvisse. Tenho guardada nos meus arquivos a primeira sessão que realizei, em outubro de 1978, e de lá para cá, sempre anotando, colecionei centenas e centenas de folhas com relatos de sessões e sonhos, material sem dúvida *sui generis* devido a seu caráter sigiloso, que no devido momento será todo ele queimado. Perguntei-lhe: "É um *aide-mémoire*?" Ele respondeu: "Não, você deve registrar dados relevantes porque, afinal de contas, o trabalho terapêutico com o inconsciente é uma pesquisa". Essa foi a palavra-chave. Quando ele aludiu à pesquisa, convenci-me de imediato. Mas nunca mais retomamos o tema, para que eu pudesse saber com precisão de que tipo de pesquisa se tratava. Hoje constato com alegria que, transcorrido todo esse tempo, consigo responder a mim mesmo que pesquisa é essa: uma grande busca de conhecimento dos fenômenos da psique. Há pequenas anotações sequenciais que são germes de futuras expansões desse desejado conhecimento. Dados biográficos, por exemplo: "...tudo começou porque minha avó se casou com meu avô contra a vontade paterna, daí resultando um drama familiar que chegou até mim porque..." – não são para mim peças fundamentais, nem intensamente determinantes do que procuro conhecer. Com o passar do tempo, os dados biográficos vão ficando cada vez mais distantes. Quando busco conhecer o outro, não é no sentido em que o faz um biógrafo, um genealogista, ou um historiador. Não sou muito bom para reproduzir em detalhe a história da vida de um paciente, porque o ângulo de visão é distinto daquele adotado pelo biógrafo, pelo *ghostwriter* ou pelo entrevistador. Há modos diversos de compor-se um dossiê sobre uma pessoa, desde o modelo policial até o *curriculum vitae* e a biografia. Mas aqui é outro conhecimento que se busca. Repito: acho que essa ideia não está muito bem colocada nos cursos de formação de analista, nem na imagem que se tem de terapia na mentalidade corrente. A ideia que se tem de terapia é muito distorcida e muito pobre, quando se observa como as novelas, os filmes ou até mesmo a literatura ficcionalizam sessões de análise.

Sustento enfaticamente a ideia de que o âmago da questão é uma busca do conhecimento do ser, da sua dor e da sua "lógica". E tanto podemos pensar que a alma só pode ser conhecida inicialmente no seu estado de dor, como igualmente poderíamos conceber que o ser, sendo mais amplo do que ela, tem o mesmo desejo de ser conhecido. Aí cabe usar termos como processos mentais, circuitos neuronais e coisas desse tipo. A biografia, portanto, é apenas um organizador de dados segundo uma linha cronológica, algo que uma pessoa quer contar de si, mas no fundo não é a biografia literalizada que ela quer contar. Ela quer contar outra coisa, e como não sabe fazê-lo, conta como biografia, como uma história. É por isso que depois de um tempo a esqueço.

Riobaldo, em *Grande Sertão: Veredas*, de Guimarães Rosa, introduz um termo estupendo, que já adoto: ele quer contar ao senhor da cidade não a coisa, mas a "sobre-coisa". Quem não sabe falar da sobre-coisa, conta a biografia. A propósito, Riobaldo tem um profundo desejo de ser conhecido. E julga que encontrou alguém capaz de fazê-lo, o doutor da cidade. E ele começa sua narrativa porque quer ser conhecido[3]. Todas aquelas dúvidas e contradições, violência, amor e loucura, as coisas

3. Cf. Riobaldo: "Conto ao senhor é o que eu sei e o senhor não sabe; mas a principal quero contar é o que eu não sei se sei, e que pode ser que o senhor saiba" (p. 175). Mais adiante: "A gente sabe mais, de um homem é o que ele esconde" (p. 256).
E ainda: "*Eu queria decifrar as coisas* que são importantes. *Queria entender do medo e da coragem, e da gã que empurra a gente* para fazer tantos atos, dar corpo ao suceder. O que induz a gente para as más ações estranhas" (p. 79).

inexplicáveis que viveu. Mas no romance não se fica sabendo qual é o conhecimento que o doutor da cidade teve dele, e para que serviu, ou seja, se afinal o ex-jagunço acabou compreendendo o sentido de sua travessia. Permitam-me uma brincadeira: se eu fosse o doutor da cidade ouvindo Riobaldo desfiando sua saga por dias a fio, numa certa altura eu teria lhe dito: "Meu caro, não era com o diabo que você deveria ter feito o pacto, mas com Diadorim". Para mim, isso é terapia. Se o doutor da cidade realmente estivesse conhecendo o Riobaldo, ele tinha que abrir a boca e não só ficar ouvindo! Que outro personagem na literatura brasileira é um homem tão sequioso de ser conhecido como Riobaldo? Ele é um grande enigma: "Decifra-me!" A fase da vida em que ocorre a análise, ou que esse pedido desesperado é feito, é crucial. Como eu queria ter podido conversar com Riobaldo enquanto Diadorim ainda era vivo! A análise na fase crepuscular da vida, ou depois que todos os dados foram lançados, é reflexiva e não mais ativa: a vida já foi vivida. Nesse caso, o sentido da análise é a reparação, é finalmente a compreensão do que foi a vida, sendo a grande tônica a possibilidade ou não de serem praticados atos reparadores. Mas no meio da vida, *nel mezzo del cammin*, ainda se pode agir, mudar de rumo, mudar de escolha. A travessia ainda não terminou.

Ou seja, meus caros, tenho aqui discorrido sobre um conhecimento não bizantino, mas útil, capaz de promover vida. A função dessa pesquisa que é a terapia, essa busca de conhecimento, é promover, expandir e renovar a vida. Busco um conhecimento pungente capaz de iluminá-la. Se não for para isso, não vale a pena.

Percurso

Página 196: Jung escrevendo em sua mesa, que já vimos antes. Foto de 1945. O arranjo dos objetos é distinto, salvo o pequeno vaso de três pés. Em *C. G. Jung: Letters,* Gerhard Adler (ed.), Princeton University Press, 1973, p. 283.

Página 197: Foto tirada em 2002 do mesmo ângulo. O vazio conclama a memória. Foto de Roberto Gambini.

Jornada até Jung

A ÉPOCA É A DÉCADA DE 1960, quando meu principal esforço intelectual era absorver as principais ideias e teorias que buscavam atrelar as Humanidades a uma intervenção efetiva na realidade social. Eu tinha dezoito anos, frequentava a Faculdade de Direito de manhã e a de Ciências Sociais à tarde. Estudava muito. Eu gostava, como ainda gosto, da busca de conhecimento e não demorou muito para ficar claro que minha vocação não era a advocacia, na verdade um sonho de meu pai que ele tanto queria ver realizado. Mas ele não estava totalmente enganado em sua intuição, porque acabei de fato me tornando um defensor de causas difíceis.

Éramos todos uns apaixonados na Faculdade de Filosofia, Ciências e Letras, um dos mais criativos segmentos da Universidade de São Paulo daquela época. A elite da *intelligentsia* brasileira ensinava lá, em fina sintonia com o pensamento social europeu. Estudávamos os clássicos – *O Príncipe* de Maquiavel, *O Leviatã* de Hobbes, *O Contrato Social* de Rousseau, *O Espírito das Leis* de Montesquieu, excertos de Locke, ao lado do *Suicídio* e das *Regras do Método Sociológico*, de Durkheim, *A Democracia na América*, de Tocqueville, *Os Argonautas do Pacífico Ocidental*, de Malinowski, *Ideologia e Utopia*, de Karl Mannheim (com seu importante capítulo sobre os estilos de pensamento), para finalmente nos concentrarmos nos dois grandes pilares do pensamento social, a obra completa de Max Weber (*A Ética Protestante e o Espírito do Capitalismo, Economia e Sociedade*) e a de Karl Marx (*O Dezoito Brumário de Luís Bonaparte, Contribuição para a Crítica da Economia Política, A Ideologia Alemã, O Manifesto do Partido Comunista* e *O Capital*); ao lado de Engels, especialmente *A Origem da Família, da Propriedade Privada e do Estado* e *Do Socialismo Utópico ao Científico*. Naquela época ainda eram raras as traduções em português, de modo que minha geração era forçada a desenvolver a capacidade de ler inglês, francês, italiano e espanhol – o que acabou nos abrindo muitas portas no futuro. Um pequeno grupo organizou um seminário semanal para destrinchar as novidades teóricas criadas por Claude Lévi-Strauss em suas obras *Antropologia Estrutural, O Pensamento Selvagem, Estruturas Elementares do Parentesco* e *O Cru e o Cozido*, tão logo eram publicadas em Paris. A cabeça fervilhava, as discussões eram animadas, ainda que um tanto pretensiosas.

A outra face da moeda era o estudo dos grandes autores brasileiros, de Euclides da Cunha em *Os Sertões* a Gilberto Freyre em *Casa Grande e Senzala*, de Joaquim Nabuco em seu *O Abolicionismo* a Sérgio Buarque de Hollanda em *Raízes do Brasil*, de Caio Prado Jr., que muito nos influenciava, especialmente em *História Econômica do Brasil* e *Formação do Brasil Contemporâneo*, a Celso Furtado, que ao lado do primeiro nos ajudava a entender o Brasil de forma crítica, com seus livros fundamentais *Formação do Brasil Contemporâneo, Desenvolvimento e Subdesenvolvimento* e *Dialética do Desenvolvimento*. Havia ainda Otávio Tarquínio de Souza, Raymundo Faoro e a produção recente de nossos professores Florestan Fernandes, Fernando Henrique Cardoso, Otávio Ianni, Egon Schaden, Maria Isaura Pereira de Queiroz, Ruy Coelho (que deu um curso sobre Marcel Proust!), Francisco Weffort, Leôncio Martins Rodrigues, sem esquecer o grande Antonio Candido de Mello e Souza, que íamos ouvir nas solenes defesas de tese da Faculdade de Filosofia, Ciências e Letras, ao lado do brilhante e inesquecível Cândido Procópio Ferreira de Camargo. Mas quem mais me influenciou e ensinou a pensar, dentre toda essa plêiade, foi sem dúvida Paula Beiguelman, com sua obra intitulada *Formação Política do Brasil*, em que procura o fio explicativo das mudanças sociais em nosso país desde a Abolição (retomando Joaquim Nabuco) até a imigração e a formação do povo no complexo cafeeiro, aliás um título seu. Com ela aprendi a pesquisar fontes primárias, a formular hipóteses históricas e a ter método na exposição dos argumentos.

Toda essa base teórica, cuidadosamente construída ano após ano, em franca oposição à sociologia funcionalista americana e ao pensamento conservador em geral, acabou nos levando a todos a uma reapreciação crítica dos estudos brasileiros tradicionais. A moda então era reescrevê-los da perspectiva dos dominados do sistema. Nos identificávamos todos com os valores, os pontos de vista e o sofrimento das massas despossuídas de nosso país, empurradas para as margens de uma sociedade capitalista subdesenvolvida.

Mas não tardou muito para que eu começasse a sentir um certo desconforto intelectual. A visão marxista da sociedade e da História, então dominante, parecia-me unilateral e rígida demais, e logo percebi que limitava meu livre-pensamento. Se naquele meio altamente politizado eu ousasse expressar incipientes opiniões ou germes de uma reflexão pessoal, era preciso enfrentar uma dura oposição e a ácida crítica da patrulha intelectual esquerdista, que tolerava mal o desacordo. O credo oficial era que o homem é um produto de sua posição de classe na estrutura social; a cultura, a arte, a religião e a mentalidade seriam uma superestrutura, produto secundário necessariamente distorcido e diretamente condicionado pelo modo de produção econômica capitalista. Proust, por exemplo, era visto por alguns mais radicais como mero reacionário, no sentido de que não escrevia nem se interessava pela luta de classes. Certas buscas intelectuais não alinhadas (que eram cada vez mais as minhas) eram portanto encaradas como contrarrevolucionárias e não deviam ser estimuladas, seja por professores ou mesmo por colegas.

Eu era um aluno de notas altas, o que me permitiu, no crítico ano de 1968, uma mudança de situação, época em que nossa querida rua Maria Antônia se transformava numa praça de guerra, ocupada pelas forças da repressão militar, tendo sido a Faculdade invadida e vários professores presos e logo em seguida violentamente atacada pelos membros do Comando de Caça aos Comunistas, do qual faziam parte alunos do vizinho Colégio Mackenzie. Nesse período negro perdi para sempre amigos queridos e desesperei-me com a prisão e tortura de muitos outros.

Pois bem, em agosto de 1968 parti para os Estados Unidos para pós-graduação em Ciências Sociais na Universidade de Chicago, onde permaneci até 1971. Antes de deixar a família e o país, lembro-me de uma importante conversa que tive com um querido amigo mais velho, que foi para mim um pai intelectual, o sociólogo Cândido Procópio Ferreira de Camargo, homem sensível de aguçada inteligência e pensamento livre, para quem a visão de Max Weber era mais ampla do que a de Karl Marx. Eu comuniquei a ele minha ansiedade intelectual usando como metáfora uma imagem que espontaneamente apareceu em minha mente enquanto tentava explicar-lhe minhas dúvidas: a teoria marxista era para mim como um retângulo com linhas e ângulos curvos de um lado, o que visualmente sugeria que nem tudo se encaixava perfeitamente conforme se propalava. Ele compreendeu, concordou e me encorajou a seguir minhas próprias inclinações, especialmente agora que ia ter início uma experiência no exterior.

Minha estadia americana foi muito rica, mas as longas noites lendo livros e artigos que não acabavam mais, centenas de horas de aulas e seminários, dezenas de trabalhos e relatórios de leitura não foram capazes de endireitar a parte torta do retângulo. Algo faltava sempre, embora eu tivesse me deliciado em paralelo lendo boa literatura (Thomas Mann, Hermann Hesse, André Gide), os *Diários* de Anaïs Nin, muito Fernando Pessoa e teatro contemporâneo (Ionesco, Beckett, Arrabal). Eu ouvia música todas as noites em meu pequeno quarto na Casa Internacional, de Bach e Mozart a Bartok e Stravinsky, de Beatles e Rolling Stones a Ravi Shankar, passando por The Who, Janis Joplin e a minha favorita, Nina Simone. Tive aulas de dança e yoga e atuei várias vezes no teatro da Universidade. Vivi numa comunidade, deixei o cabelo crescer, andei descalço e fiquei molhado quando chovia. Bebi a cultura psicodélica até a última gota.

Fui aos poucos tomando consciência de que toda essa bagagem intelectual e cultural tão devotadamente adquirida em quase nada me ajudava na minha longa busca de autocompreensão. Voltei-me então para Freud. Li suas obras mais importantes e decidi passar a escrever meus sonhos em fichas de pesquisa que guardava em caixas de metal – como se fazia na época. Era um experimento completamente solitário. Tentei interpretá-los por minha conta, mas acabava sempre chegando a algo parecido com o que havia lido em seus livros, como se fossem todos sonhos de Dora. Além disso, um persistente sentimento me dizia que algo inexplicável para mim acabaria por fim fazendo Freud e Marx confluírem na mesma velha caixa da qual eu tentava escapar.

Aí aconteceram minhas primeiras experiências com psicoterapia. A Universidade de Chicago é o berço da psicologia de Carl Rogers, e era um atendimento nessa linha que oferecia aos estudantes que procuravam ajuda. Uma depressão havia se instalado e não me largava. Que frustração! Eu sentava-me em frente a um rapaz um pouco mais velho do que eu e dizia: "Acho que estou ficando deprimido, é muito sofrido, e esse céu sempre cinzento torna tudo ainda pior". E ele: "Então você acha que está deprimido, é tão sofrido, e esse céu cinzento torna tudo pior". Eu olhava para a cara dele e não sabia o que dizer. Sentia-me insultado e achava que ele era um robô fazendo sua lição de casa para posterior supervisão, e depois de um tempo fui-me embora.

A terapia de grupo foi ainda pior. Éramos umas dez pessoas, tão diferentes entre si que era difícil surgirem relacionamentos. Sentávamos em círculo e seguíamos os comandos de um psiquiatra e uma assistente social, um casal parental grotesco que tentava extrair algum sentido daquele caos de queixas disparatadas em meio ao barulho que o grupo fazia. Nunca pude captar qual a proposta daquilo tudo, tão em voga, para mim uma experiência desagradável e estéril. Fui embora.

Eu visitava regularmente uma pequena livraria nos arredores do *campus*, onde mensalmente deixava uma parte de minha bolsa de estudos. Um belo dia a capa de um livro me atraiu. Era o rosto de Jung em sua autobiografia, *Memórias, Sonhos, Reflexões*. Comprei-o e escrevi na primeira página, como faço até hoje: "Chicago, Inverno de 1971". Pressenti que finalmente tinha em mãos aquilo que há tanto tempo procurava para endireitar as linhas tortas de meu retângulo.

Foi assim que Jung entrou em minha vida.

* * *

As Ciências Sociais, especialmente a Sociologia fundada no Marxismo, são disciplinas extrovertidas. Sua fascinação é pelo objeto externo: os fatos sociais devem ser encarados como *coisas*, caso contrário não há base possível para a objetividade, sua maior pretensão. O grande alvo dessas ciências é descobrir e analisar estruturas, conflitos entre grupos, relações de poder, possibilidades de ruptura e mudança e, finalmente, as leis que regulam a marcha da História. Funções, comportamentos, normas, padrões: os seres humanos devem ser compreendidos pelo que fazem, a despeito de sua subjetividade e inclinações pessoais, na verdade postos de lado e tidos como menos relevantes para o conhecimento do que as reações de massa, por exemplo, que poderiam seguramente ser estudadas em escala menor através da observação de camundongos numa gaiola.

A Psicologia Junguiana, como logo descobri, é pelo contrário uma disciplina introvertida. O atraente objeto externo, tão valorizado e admirado pelas outras correntes de pensamento, é neste caso substituído por fenômenos internos difíceis de definir, observar e mensurar, tais como estados de espírito, sentimentos, vagas sensações, fantasias, pensamentos, distúrbios patológicos, sonhos, delírios, aberrações, tudo isso desembocando nessa hipótese incômoda para as Ciências Sociais, a de um inconsciente – sem falar na de um inconsciente coletivo – estruturado por arquétipos transculturais e de longuíssima vigência, curioso fenômeno meio biológico e meio transcendental!

Era inevitável que um alto muro de Berlim separasse essas duas abordagens, assim como ficariam separados a sociedade e o indivíduo, não obstante o fato de que este certamente age externamente ao mesmo tempo que possui um mundo interior. E a mim coube enfrentar o árduo, longo e solitário processo de tentar integrar ambos os pontos de vista, uma vez que não era minha decisão nem meu sentimento mutilar uma parte de minha formação que eu tanto apreciava.

Voltando ao retângulo torto, houve de fato alguém que ampliou meus horizontes, abrindo uma ponte intelectual – melhor dizendo, um trampolim que, como uma catapulta, me lançaria do território extrovertido das Ciências Sociais a outro domínio ainda desconhecido, cuja existência eu intuía, voando sobre o muro de pedra num tapete alemão.

Esse autor, um filósofo alemão, que na época ensinava nas Universidades de Harvard e Columbia, era Herbert Marcuse, cujas ideias incendiaram minha geração em 1968 em várias partes do mundo. Li seus livros *O Homem Unidimensional* e *Eros e Civilização* quando ainda em Chicago, e obviamente livros desse tipo não estavam nas listas de leitura – eram subversivos demais para a mentalidade conservadora dos sociólogos americanos. Eu sublinhava todas as páginas, porque para mim ele foi o primeiro a propor uma reorganização do pensamento social estabelecido.

Apanho o volume na minha estante, colocado que estava entre Platão e Sri Aurobindo. As páginas estão amarelecidas pelo suor de meus dedos, ele exala um olor acre, mas sinto uma súbita ternura ao segurá-lo de novo nas mãos depois de tantos anos. Cito um parágrafo contundente, na página 123 (minha edição é da Beacon Press, Boston, 1969, e traduzo): "O mundo da experiência imediata – o mundo em que vivemos – deve ser compreendido, transformado e subvertido para tornar-se o que realmente é".

Quando li essa passagem, há mais de três décadas, uma porta abriu-se de par em par, para que Jung logo a seguir por ela entrasse. Então quer dizer que o que as coisas são – pensava com meus botões –, o que realmente *somos*, é muito mais do que o olho vê e deve ser liberado através da subversão dos condicionamentos vigentes? Eu suspirava... *essa* era a linha torta de meu retângulo, e isso também era eu. Finalmente havia encontrado um apoio teórico e filosófico seguro para consolidar ideias que a intuição viera persistentemente engendrando em minha mente angustiada.

Poderia também citar outra passagem, na página 183, em que Marcuse afirma que os intelectuais devem tornar-se "pacientes" a serem "curados de suas ilusões, enganos, obscuridades, enigmas insolúveis, questões irrespondíveis, fantasmas e espectros".

Bem, isso já era demais. Passei então audaciosamente a admitir que todo o meu aprendizado prévio, transmitido por intelectuais engajados, devia ser criticamente revisto sob uma nova luz... mas qual luz? Marcuse foi por certo um grande pensador crítico, mas a despeito de ter aberto uma porta para que muitos outros penetrassem em território novo, ele próprio ficou em seu limiar e não a atravessou. Por quê? Provavelmente porque nunca abandonou o domínio da mente racional, perdendo assim a *experiência* de sua gêmea, a psique. Não se pode falar dela sem estar *nela* – e nela ele não estava, por mais liberadoras que suas ideias tivessem sido, como de fato o foram.

Minha leitura seguinte, a mais penetrante e poderosa de todas até então (1973), foi *Memórias, Sonhos, Reflexões*, a autobiografia de Jung. O caminho no intelecto para receber essa leitura já estava pavimentado, mas eu ansiava por mergulhar em águas psíquicas profundas (algum tempo depois iniciei uma análise junguiana em São Paulo, com um dos raros profissionais então existentes).

Esse livro foi meu *Admirável Mundo* (interior) *Novo*. Eu não parava de ler e sublinhar, e a cada cinco minutos acrescentava mais uma peça a uma visão ampla que agora eu podia compreender, refletir sobre ela e desenvolvê-la, já não mais usando apenas a intuição. No capítulo "Anos de Estudante" encontrei a bússola de que precisava para orientar minhas buscas, suavizando minhas agonias ao tomar conhecimento das dele. Para citar apenas duas passagens: na página 88 (minha edição em inglês é da Vintage Books, New York, 1956, e traduzo), Jung comenta seu sonho sobre a chama bruxuleante de sua lanterna numa tempestade noturna e diz: "Minha própria compreensão é o único tesouro que possuo, e o maior de todos. Ainda que infinitamente pequena e frágil em comparação com os poderes da escuridão, ainda é uma luz, minha própria luz".

Eu não teria sido capaz, naquela fase de minha vida, de encontrar palavras mais curativas e encorajadoras do que essas em mil páginas de Durkheim, Weber, Marx ou Lévi-Strauss! Sem aquela pequena luz, todo o conhecimento que eu pudesse ter adquirido seria seco como palha – autorreferente e autoconfirmatório – quando tudo o que eu precisava era de ar fresco e coragem para seguir adiante.

Como estivesse na época inconscientemente cozinhando um audacioso desejo de mudar de profissão (dei-me conta disso mais tarde, retrospectivamente, na análise; na verdade, as raízes de meu lado terapêutico estão fincadas na infância), fiquei exultante e surpreso quando li a respeito de um desenvolvimento paralelo na própria carreira de Jung, que vivia um conflito por manter um vínculo duplo, com a psiquiatria e a arqueologia (p. 109): "Era como se dois rios tivessem se unido e uma só grande torrente me carregasse inexoravelmente na direção de distantes alvos". Com o tempo, também consegui abrir um canal para a confluência das águas opostas nas quais nadava. Talvez não seja lá um grande rio, mas é certamente a corrente que me impulsiona pela vida, às vezes calmamente, outras vezes com forte turbulência.

* * *

O pensamento social, na segunda metade do século XX, erigiu uma intricada catedral mental. Parecia – e era tão convincente! – que o alvo havia sido atingido: o fenômeno humano havia sido explicado em toda a sua complexidade, estando o comportamento social tão claramente compreendido e conceitualizado como, digamos, uma reação química num laboratório.

Mas como tenho tentado rememorar, algo – pelo menos para mim, embora atualmente haja um reconhecimento geral de que as Ciências Sociais têm um viés e um limite – em definitivo faltava no que então se considerava como sendo uma ampla e profunda compreensão da Humanidade.

O que faltava, exatamente? Segundo hoje vejo, duas coisas, e tratarei delas em sequência. Em primeiríssimo lugar, a Psique estava fora da tela. Em segundo, um certo tipo de relacionamento humano – do qual o encontro analítico é um exemplo – baseado na Psique e que vai além dos limites impostos pela convenção, pelo desempenho de papéis, pela educação e pela mentalidade coletiva. Foi Jung quem abriu para mim essas duas magníficas portas, conduzindo-me para fora do confinamento na catedral em direção a um espaço mental não mapeado e limitado.

É um fato documentado, sim, que as Ciências Sociais interessavam-se por variáveis psicológicas, mas estas referiam-se precipuamente a reações de massa, comportamento condicionado, ideologia, valores religiosos determinando escolhas, adaptação, coerção grupal, padrões adquiridos, aculturação etc. – e, no outro lado do espectro, comportamento desagregador ou antissocial, isolamento, anomia, violência, sociopatia, e assim por diante.

No domínio dessas ciências, a Psique enquadrava-se na Psicologia Social. É evidente que, tivesse eu iniciado minha carreira acadêmica no campo da Psicanálise (freudiana, uma vez que nos anos 1960 não havia ensinamento junguiano algum nas universidades), a história que eu estaria contando aqui seria outra.

Jung, na qualidade de componente novo em minha estrutura intelectual, subverteu os termos da equação social ao postular a primazia da realidade psíquica, concebida como matriz tanto do pensamento como da ação. Como fui aos poucos aprendendo, Psique não quer dizer "mecanismos psicológicos", como motivos ocultos, intenções secundárias, complicados jogos emocionais, conflitos familiares, choque entre gerações. Não: Psique é um território sem fronteiras, que parte do que é conhecido, ao alcance da mão, até o inalcançável e o desconhecido. A visão peculiar de Jung sobre o inconsciente como uma dimensão formada não apenas de material reprimido, mas de conteúdos que nunca chegaram a ser conscientes, virou de cabeça para baixo muitas teorias que tentavam explicar por que e como o ser humano faz o que faz. A Psique, como aos poucos fui aprendendo, está dentro mas também está fora, onde aparece projetada, como que à espera de ser reconhecida em sua natureza. A Psique nutre o Sentido, e a busca de significado é a maior de todas as motivações para a mudança pessoal ou histórica.

Quanto ao segundo aspecto ausente, o que descobri estudando Jung e tendo passado, a partir de 1974, por longos anos de análise, é que quando se participa de um relacionamento e se elege a Psique como pedra angular, é possível atingir níveis de intimidade, compartilhamento e descoberta que nunca experimentei antes em relacionamento algum, mesmo nas melhores amizades ou na relação com um mestre. O relacionamento baseado na Psique possui sempre esse terceiro elemento, que poderíamos denominar abertura e respeito pelo desconhecido, abalando nossa arrogância em seu âmago, como se o Grande pudesse de repente revelar-se na virada de uma esquina.

Quem é Dono do Ar?

JUNG FOI UMA INSPIRAÇÃO, um punhado de sementes espargidas por um forte vento sobre a vastidão do pensamento racional. Jung foi antes de mais nada uma atitude. Jung recolocou a faceta que faltava no prisma da consciência. Seu legado, o conjunto de suas propostas e formulações, não é uma teoria timbrada com as insígnias da marca registrada. Pelo contrário: suas hipóteses de trabalho e suas descobertas foram uma dádiva para a cultura, foram sua resposta pessoal aos paradoxos da realidade, às incertezas do conhecimento e à dor e beleza da vida. Para sintetizar, eu diria, numa frase, que a quintessência de sua contribuição foi a propositura de um modo de ser e de pensar: aquilo que costuma ser chamado de "eu", "mundo exterior" ou "realidade" vai muito além do que percebe o olho. O convite foi feito para quem quisesse aceitá-lo: tentar pôr em prática uma observação cuidadosa, constante e progressiva das manifestações do inconsciente em todos os níveis da experiência, em cada ato de apreensão do sentido da existência. "Inconsciente", para ele, não é apenas aquela parte de minha biografia ou da sua que conhecemos mal, mas aquela parcela da realidade que não é levada em conta simplesmente porque não pode ser diretamente observada, mensurada, descrita ou conceituada. Jung sabia que o desconhecido existe e a tarefa de sua vida consistiu em inventar ou descobrir modos e ferramentas para abordar o inabordável, cunhar termos para referir-se ao transcendente e abrir espaço para o não-manifesto no terreno da experiência – no seu caso, as áreas menos iluminadas da psique.

Inspiração é ar. E como sabe qualquer nativo das Américas desde tempos imemoriais, ninguém é dono do ar, ninguém é dono do vento, ninguém é dono da luz do sol. Esses bens estão fora do comércio humano, não se pode vendê-los nem comprá-los. Uma ideia doada à coletividade não é propriedade privada de ninguém. Até mesmo os *copyrights* um dia expiram. A fina camada de pigmento que recobre o teto da Capela Sistina pode ser propriedade do Vaticano, mas não nossa emoção ao contemplar as estupendas imagens criadas pela têmpera. Observar o inconsciente é uma atitude, uma inclinação, um gosto pessoal, uma escolha, um ofício, uma vocação: é gratuito, como observar o voo dos pássaros ou a dança das estrelas.

O olhar junguiano busca o outro lado da lua. Procura não tanto a face por detrás da máscara, mas o que se oculta atrás da própria face. Jung quis chegar ao limite possível de nosso conhecimento acerca do mistério da morte e da origem da vida; ele acompanhou palmo a palmo o fio de seda que une o físico e o psíquico e procurou perceber a unidade subjacente à diversidade e à dualidade. Jung sempre tentou atingir o útero, a matriz de onde se originou a consciência; ele quis conhecer o molde primário das formas-pensamento, a ligação entre imagem e ação, o elo sutil entre alma e cultura. O que ele no fundo queria era poder olhar nos olhos a alma do mundo e compreender seus gritos e sussurros. Este era seu alvo: ouvir a fala das pedras e decifrar sua gramática.

Jung queria discernir um rio numa estátua, compreender a vida e a mente como fluxos incessantes e perceber os sonhos como realidades vivas. Ele queria honrar a aspiração à consciência que jaz adormecida em todos os aspectos negligenciados da existência. Jung tinha certeza de que o inconsciente deseja tornar-se consciência, cada período histórico sendo capaz de absorver um certo tanto, e não mais, conforme a elasticidade dos determinantes da consciência coletiva. Sim, nesse sentido Jung era um evolucionista, sempre repetindo que a psique tende a avançar em direção a territórios inexplorados – sem com isso sugerir, como decorrência, que a humanidade esteja a caminho de uma evolução ética. Para Jung, a oposição entre o bem e o mal e sua manifestação na experiência humana é um problema insolúvel. Sua psicologia inteira baseia-se na ideia de que tudo o que o ser humano pode fazer a esse respeito é reconhecer que cada um de nós é portador de ambos os princípios, portanto qualquer projeção compensatória não passa de uma vã tentativa de evitar o peso de sermos como somos. Ao descrever e analisar a sombra, um de seus conceitos basilares, Jung queria que reconhecêssemos nossa imperfeição, nossa condição de anjos caídos, porém capazes de fazer escolhas éticas e assumir a responsabilidade por nossas ações. Em sua visão, a humanidade é uma espécie dotada da possibilidade de redimir o próprio mal que causa. A consciência, e somente ela, é o ponto crítico de mutação.

Jung sabia que no interior profundo de cada ser humano repousa um sereno silêncio. Ele ofereceu à mentalidade corrente um conceito de ego como um agente capaz de transformar-se, a ponto de tornar-se o servidor de uma instância interna mais abrangente. O ego pode ser silenciado, o incessante fluxo de pensamentos que o ocupa pode repousar, diminuindo sua velocidade e dando condições para o surgimento de intervalos de tempo entre um pensamento e outro. Aparece então um novo céu, denominado estado de transcendência nas práticas orientais de meditação. O Ser pode então ser testemunhado por uma consciência egoica esvaziada, cuja única função passa a ser reconhecer aquilo que assombrosamente se manifesta diante de si. É nesse sentido que usava a palavra religião. Para Jung esse vazio era na verdade a plenitude, o ouro dos alquimistas: a possibilidade de vivenciar, e não apenas pensar, a ontologia.

A verdade psíquica só pode ser encontrada por quem a procura de cabeça baixa, sem arrogância intelectual. Corresponde a discernir o grande no pequeno. Os mais preciosos *insights* que emergem das camadas profundas do inconsciente e se oferecem a quem souber procurá-los e reconhecê-los são verdadeiras pepitas de ouro. A *persona* é uma função psíquica incapaz desse tipo de colheita. A psicologia junguiana não poderá jamais ser reduzida a uma técnica de exercício profissional ou de manejo de transferência no *setting* terapêutico, nem muito menos confinada a um código acadêmico, exatamente por ser um modo de observar, pensar e fazer no qual se fundem objetividade e arte, ciência e poesia, formação e iniciação. A objetividade que praticamos é e deve ser contaminada pela alma, pois sem sua mediação o mundo, tanto interior como exterior, nos é incompreensível. Nunca usaremos aventais brancos nem trabalharemos com instrumentos de precisão, sejam testes ou diagnósticos – assim como nunca seremos neofreudianos.

Digo outra vez: sentimentos de inferioridade profissional podem ser uma defesa que impede o contato mais profundo com o *Self*. Nós junguianos temos um complexo de herança – ainda não aprendemos a herdar com serenidade. Alarmamo-nos com a ideia de que a herança possa ocultar um problema paterno, ou que ameace nossa liberdade criativa.

Ninguém é dono de Jung. Mas podemos coletar as pepitas de ouro que encontramos pelo caminho e nos tornarmos a árvore única que cada um, desde o começo, está fadado a ser.

Cartas

Página 217: Jung colocou uma estátua de buda à sua frente em sua mesa de trabalho da pequena sala reservada. Em 2002, os visitantes se calavam diante do local onde ele pôs no papel as profundezas de sua percepção do ser humano e da realidade. Foto de Roberto Gambini, 2002.

March 14th, 79.

Jungian Type-Test Gr.-Wheelwright,
Fat. and Rob. Gambini (Spring 1978)

....

- For Roberto: If ever he has seen a patient, he should write a clear case report: Where comes the patient from, why to him, anamnesis, family-background, description of the first consultation, description of an interesting consultation in detail, further developments of the case.

This would mean: Please organise your mind and prove that there is more than hay in your head.

H. K. Fierz.

14 de março de 1979

Teste Tipológico de Jung para
Fátima e Roberto Gambini

....

Quanto ao Roberto: se ele vier um dia a atender um paciente,
ele deverá escrever um relatório de caso bastante claro;
de onde o paciente vem, por que para ele,
anamnese, antecedentes familiares, descrição da primeira sessão,
descrição detalhada de uma sessão interessante,
desenvolvimento do caso.
Isso quer dizer: por favor organize sua mente
e prove que há algo nela além de feno.

H. K. Fierz

Carta datada de 14 de março de 1979, assinada pelo Dr. Karl Heinrich Fierz, referente a uma interpretação conjunta do Teste Tipológico de Jung para o casal Roberto e Fátima Gambini.

31st May, 1988

Dear Roberto,

You book arrived! Congratulations. It is a great pleasure that the baby is born. I hope it will help the Ludios.

You know that it is not good to be an only child, so I hope that you will soon write another book.

Affectionately,

Marie-Louise v. Franz

31 de maio de 1988

Caro Roberto,

Seu livro chegou! Parabéns.
É um grande prazer saber que o bebê nasceu.
Espero que ele seja de ajuda para os índios.
Você sabe que não é bom ser filho único,
portanto espero que logo você escreva outro livro.

Com afeto,
Marie-Louise von Franz

Carta datada de 31 de maio de 1988, escrita pela secretária devido aos primeiros sintomas do mal de Parkinson, em resposta ao envio do livro *Espelho Índio*, recém-publicado em São Paulo, e que foi minha tese final no Instituto C. G. Jung de Zurique, tendo a Dra. Von Franz sido minha orientadora.

POSFÁCIO

Ainda Pensando o Fazer Terapêutico

Certa vez fui convidado a participar de uma mesa-redonda sobre *Foucault e a Psicologia*[1]. Na abertura do evento, dois assuntos foram já de início colocados em questão. O primeiro era o conceito de *cura sui*, ou cuidado de si, formulado, dentre outros, pelo pensador latino Sêneca e discutido por Foucault em sua última publicação em vida, o terceiro volume de sua *História da Sexualidade*. O segundo tema dizia respeito à interpretação na psicanálise. O principal objetivo do encontro era promover uma discussão a respeito do impacto das reflexões de Foucault nas diferentes práticas terapêuticas, da medicina à psicoterapia. Esse tema assume uma posição central na problematização da Racionalidade Ocidental, tal como realizada pelo filósofo francês. Como introdução, foi mencionado pelo mediador que a filosofia, em dado momento de sua história, teria legado às ciências humanas o conhecimento como

1. Organizado, na Pontifícia Universidade Católica de São Paulo, pelo Prof. Alessandro Francisco, a quem muito agradeço pelo convite e por sugestões para maior clareza deste texto.

modo privilegiado de relação com o mundo e com as coisas, incluindo a relação que o homem estabelece consigo mesmo. Conhecer, nesta concepção, equivale a interpretar o objeto. Conhecer o homem seria, portanto, o mesmo que decifrá-lo.

Pouco antes de apresentar os expositores, o moderador citou de memória uma declaração de Foucault, no início de sua carreira, em entrevista de 1965 a Alain Badiou:

> [...] para Freud, o inconsciente tem a estrutura de uma linguagem. No entanto, não deve ser esquecido que Freud é um exegeta, não um semiologista; ele é um intérprete, não um semiologista. Em suma, seu problema não é linguístico, mas sim de decifração[2].

A plateia foi também lembrada de que o filósofo francês fizera uma crítica radical ao modo como o conhecimento é produzido, na cultura ocidental, e de que isso acarretava consequências negativas a todos os tipos de terapia. Segundo pensava Foucault, Freud não estava exatamente preocupado em entender *por que* um símbolo diz o que diz, mas com a sua interpretação – isto é, em entender *o que* diz o símbolo.

Em leituras recentes, interessei-me vivamente por algumas abordagens extremamente criativas de Foucault e, desde o início, percebi que havia uma possível convergência entre o filósofo francês e a veemente análise crítica de Jung, décadas antes, do mal causado pela unilateralidade da racionalidade ocidental. Até onde pude inquirir, fui informado que, até o presente, não foi identificada nenhuma evidência bibliográfica, ou de outra ordem, que confirmasse tal possível relação entre os dois pensadores. A boa nova é que meu amigo Alessandro Francisco, organizador de nosso evento e moderador da mesa, recentemente localizou, em pesquisas na Biblioteca Nacional da França, em Paris, um manuscrito de estudo redigido por Foucault, ainda estudante, em que este compara, por exemplo, as concepções de neurose e de libido segundo Freud e segundo Jung.

2. Michel Foucault, *Dits et Écrits I, 1954-1975*, Paris, Gallimard, 2001, p. 470.

Minha exposição naquele colóquio havia sido estimulada por uma questão direta a mim dirigida pelo moderador: "As palavras de um analista têm poder. Com que direito pode um analista declarar a verdade sobre seu paciente?"

Pareceu-me oportuno, nesta terceira edição de *A Voz e o Tempo*, incluir a resposta que formulei a essa questão, seguindo a mesma linha de reflexão desenvolvida ao longo do texto original, escrito em 2008. As linhas que seguem podem ser consideradas uma espécie de prosseguimento, no qual creio esclarecer de que forma, como analista junguiano, lido com o imenso poder de que é investido aquilo que dizemos. Ao fazê-lo, e honrando o Tempo, não posso deixar de perceber como estamos continuamente tentando atualizar o que dizemos, sempre perseguindo o presente – que parece tão real, ainda que ilusória brisa passageira.

Quem sou eu para dizer a um paciente quem ele é, como é sua mais profunda essência? Não seria precisamente a tentação de proferir uma afirmação autoritária desse teor o alucinógeno capaz de nos embriagar? Talvez só um ente superior possa esclarecer a proveniência de tais supostas verdades, tantas vezes causadoras de sofrimentos induzidos ou um entendimento distorcido de si mesmo. É de se esperar que, sem pretender serem declarações peremptórias sobre a suposta *verdade* de alguém, as palavras analíticas podem ter um efeito benéfico sobre a vida de uma pessoa. Essa não é apenas uma questão filosófica e epistemológica, mas também clínica e ética, e o que pensamos sobre ela faz sim uma enorme diferença.

É evidente que um analista fala. Nunca pude entender, anos atrás, quando alguém lembrava ter passado por uma série de sessões em que nada era dito nem pelo paciente, nem pelo analista. Era como se este, ao assumir tal postura, estivesse endossando uma renúncia ao uso da palavra como parte integrante do processo terapêutico. O que aconteceu é que depois de semanas de congelado mutismo o paciente foi embora. Lembremo-nos que, em sua origem no início do século passado, a psicanálise foi batizada como *talking cure*, a cura resultante da conversa. Para mim é inconcebível que duas pessoas, frente a frente, numa situação que tem um objetivo declarado, não se falem. Qualquer indivíduo que não esteja se sentindo bem e procure algum tipo de alívio com um professor, um médico, um guru, um amigo, depois de contar sua história ou formular uma questão, espera por certo ouvir uma resposta – essa não é uma das mais antigas origens do relacionamento humano e da sociabilidade?

A questão aqui é o que o terapeuta diz, baseado em quê, como diz, e desempenhando que tipo de papel que por acaso creia ter-lhe sido de alguma forma atribuído, e através de cujo desempenho recebe ele seus proventos. Como reage ele a esse apelo de quem o procura, às vezes formulado claramente, outras vezes pronunciado como uma insinuação, um subtexto? A queixa inicial pode às vezes soar como: "Eu preciso saber, por favor me diga quem eu sou?" Como poderemos saber? Apenas percebemos que o Oráculo de Delfos já está constelado em nosso consultório, e que o paciente está ansiosamente aguardando que a Pítia desça ao submundo e consulte a serpente, que então anunciará solenemente um segredo nunca dantes revelado. Ou, em outra versão mítica, é o próprio paciente que encarnará a figura da Esfinge, formulando perguntas dramáticas e peremptórias, e neste caso o melhor que pode fazer o terapeuta, sacrificando sua vaidade, é evitar cair na armadilha de identificar-se com Édipo, decifrando enigmas seduzido pelo desafio que lhe é feito, como se fosse esse seu propósito.

Não será essa pungente questão – "Quem sou eu?" – acompanhada de sua ressonância correspondente – "Conhece-te a ti mesmo" – a mesma velha pergunta que a maioria de nós talvez tenha feito às nossas mães, ou pedido a Deus que nos esclarecesse, não seria ela uma fonte constante de agonia, diante da enorme dificuldade de ouvir a tão desejada resposta? Qualquer um de nós pode, diante do menor desafio, perguntar-se mentalmente se não estamos nos traindo, se estamos sendo quem realmente somos, e por que não dizemos tudo o que sentimos, e não tiramos a máscara, e por que não encontramos até agora nosso verdadeiro eu, e por que os sonhos não ajudam a encontrar a resposta e não indicam a saída do labirinto? Será que, como bem disse o poeta, apenas finjo que é dor a dor que deveras sinto? Essa busca pelo mais profundo de si mesmo é velha, é mítica, literária, filosófica, é humana. Talvez só um inabordável demiurgo tenha essa resposta no bolso do colete.

Não é fácil ser terapeuta. Não é um jogo para principiantes, as apostas são altas e geram consequências imprevisíveis. Esqueçamos Delfos. Por que saberia eu dizer quem é você melhor do que você próprio? A tentação está sempre presente, dissimulada por uma demanda implícita, sendo, por conseguinte, fundamental para qualquer terapeuta conhecer – esse é o verbo correto – a sua própria sombra, aquele desejo vaidoso de se tornar uma celebridade que merece admiração porque passou a perna na Esfinge devoradora. Eis expostos a armadilha, a droga embriagadora e o perigo do apressado vaticínio. A autovigilância de quem oficia é necessária o tempo todo. Devemos nos livrar de qualquer contaminação por fantasias de diagnóstico científico, de pseudossentenças judiciais, julgamentos religiosos, teses acadêmicas. Onde estamos *nós*? Qual é o *locus* onde esta declaração-que-não-deve-ser-feita tem lugar? O que eu penso que é adequado, dignificante, verdadeiro, limitado, esperançosamente útil, para que diga? O que tenho a dizer, como faço isso, baseado em que evidência? Tudo isso acaba compondo a conversa. Não hesito em perguntar tudo o que preciso saber, os claros contornos dos fatos todos que devem ser claramente estabelecidos. E não posso permitir que um *complexo ideológico* ou uma teoria que considero verdadeira distorça os fatos. Esse é nosso ponto de partida, essa matéria viva que deve ser contada, transmitida e compreendida com um bom grau de precisão. Atingido esse estágio, passo a dispor de um ponto de vista baseado em fatos, histórias, cronologias, detalhes, trajetórias. E toda essa matéria vem evidentemente temperada e colorida por distintos tons emocionais. Algumas pessoas são mais lacônicas, outras não seguem o fio da meada, outras ainda estão sempre em busca de palavras. Alguns têm lapsos de memória, outros não se atrevem a revelar tudo. E eu preciso compreender a situação real de cada um, como sua contingência está sendo vivida, quais as conexões significantes, quais os conflitos centrais, os complexos constelados, como a pessoa enxerga a si mesma e aos complexos que a afetam.

Este é só o prefácio. Este é o livro que eu devo ler, muito mais do que todos aqueles perfilados nas prateleiras atrás de mim. Será mais fácil se eu estiver familiarizado com o idioma, mas ele poderia inicialmente apresentar-se a mim em braile. Se esta primeira apresentação contiver alguma coisa que eu suponha já conhecer, que tipos de imagens vêm à minha mente conforme continuo a absorvê-la? De que forma me percebo na função de analista?

Algumas autoimagens iniciais são clichês. Às vezes sou aquele "travesseiro" com quem alguém fala antes de adormecer, surgindo em consequência uma conhecida fluidez automática de fantasias, medos, cenas eróticas, planejamentos irrealizáveis, ressentimentos, memórias, terríveis noites de insônia. Confissões, sentimentos crus e poucas-vergonhas costumam ser compartilhados com o travesseiro. Se me limito à imagem do travesseiro, não é preciso manter vivas quaisquer analogias com a função do médico, do padre, do mestre, do diretor espiritual. *Pillow talk:* conversa de travesseiro no escuro. E quem sabe tomada por sonhos, por pesadelos?

Outras vezes sou um *espelho* no qual quem me procura poderá mirar-se. Não porque algo especial e único, ou quiçá alguma suposta sabedoria esteja projetada em mim, mas simplesmente porque devolvo, reflito o que está frente a mim. Essa função de espelho não está relacionada com a vaidade, mas com a busca de objetividade na autoavaliação. Em latim, o verbo *fletire*, da raiz etimológica de *reflexão*, significa "dobrar", e o prefixo *re,* "de novo". Refletir significa portanto voltar-se sobre si mesmo, flexionar-se sobre si, dirigir a atenção para o próprio mundo interior.

Outras ocasiões há em que uma metáfora cabível é da *caixa de ressonância*, exatamente como a do violão e demais instrumentos de corda. Mesmo se dedilhadas com firmeza, mas não havendo um bojo, as cordas não ressonarão. Ora, o que ouço pode ressoar através de mim. Novamente, o prefixo *re*: quando as cordas ressoam, soam várias vezes e não uma só, curta, única e separada, cria-se um campo vibratório, uma zona de eco. No encontro terapêutico, é na ressonância das palavras do paciente que podem ser detectados elementos que apontam para a progressiva construção de uma resposta àquele apelo da abertura, aquele descontextualizado "Diga-me quem sou eu" que tantas vezes nos é ansiosamente dirigido. Há uma fumaça de resposta nas notas desafinadas e secas emitidas pelo paciente, cabendo-nos tão simplesmente realçar as ressonâncias que porventura ouvimos, mas ele ou ela não. A base sonora, harmônica ou dissonante, em tom maior ou menor, é a matéria-prima que será trabalhada em busca de nuances, sustenidos e mudanças de tom. Se a mim coube ser o bojo de boa feitura da viola quebrada de meu paciente deprimido, talvez consiga ouvir notas emitidas a *bocca chiusa* e capturar significados ainda não enunciados pelo paciente, na esperança de que possam vir a penetrar sua audição, penetrando assim talvez nos domínios da consciência.

Mas, às vezes, é bom lembrar, as imagens metafóricas que se apresentam nada têm a ver com travesseiros, espelhos ou instrumentos percussivos, remetendo antes ao paciente e metódico trabalho de campo de um arqueólogo, a remover com delicadas pinceladas camada após camada de sedimentos na esperança de encontrar fragmentos desencontrados de um velho pote de barro quebrado. A poeira do tempo é espanada e vai-se tentando reagrupar os cacos seguindo o que parece ser a forma que os agregava num todo original, até que pouco a pouco um desenho, um padrão cromático e uma forma composta gradualmente ganhem visibilidade, mesmo na ausência de algumas peças perdidas, ou não encontradas. Memória e atenção são fundamentais. Em uma única sessão, pode acontecer de um "fragmento" que apareceu no início do processo surpreendentemente encaixar-se em outro que acaba de emergir da escavação. De modo geral, o paciente não está prestando atenção exatamente nessa arqueologia psíquica. E no tempo devido, sendo benéfica a fortuna, uma sutil alusão de sentido acaba insinuando a famosa resposta que o paciente procura.

Como se recorda, tanto na primeira quanto na segunda parte desse livro ilustrei uma possível maneira de trabalhar com sonhos, e voltei a fazê-lo no colóquio sobre Foucault, dele me servindo como ocasião para esclarecer um pouco mais a já clássica questão da interpretação, uma vez que o tema foi endereçado a mim. Há alguns anos, desenvolvi uma imagem que apareceu espontaneamente em minha mente quando falava a meus interlocutores, Adelia e Enrico, aquela de uma *diálise*, uma circulação do material onírico a mim relatado por um paciente através dos meus circuitos reflexivos até que pudesse retransfundir ao sonhador seu sonho, agora narrado numa linguagem que lhe seja familiar. Denominaria eu essa operação, chegado a esse ponto, de *transliteração* da linguagem original, surreal, enigmática, desagradável, acabrunhante ou mesmo sem aparente sentido, tão característica dos sonhos. Pois não traduzo, nem decifro, nem decodifico, nem muito menos pretendo interpretar essa linguagem. Metaforicamente falando, digamos que a língua adotada pelo sonho é dos hieróglifos, logo transposta para o sânscrito com a ajuda de uma imaginada pedra de Rosetta. Para prosseguir, convém substituir aqueles caracteres do sânscrito pelos equivalentes em nosso alfabeto arábico, quando até seria possível ler o texto do sonho em sânscrito em voz alta, embora sem nada entender do que se estaria dizendo. Mas surge então uma versão do texto em alemão, ou, ainda mais perto, outra em inglês e finalmente uma, legível e compreensível, na língua que eu e meu paciente falamos. Mas isso não é simplesmente uma tradução? Não, não é, porque as palavras com as quais relatamos um sonho brotam de imagens, sendo as palavras o agente que transporta uma cena visual em movimento da mente do sonhador para a do ouvinte – para a do terapeuta, que é o que nos interessa aqui. Ocorre portanto, assim me parece, uma transmigração de imagens por efeito do poder da palavra, que remete ao que visualmente ela evoca. Mas às vezes acontece, para nosso espanto, que um sonho seja apenas uma palavra, ou um verso, um ditame, ou até mesmo um número. Eu tive um tio-bisavô, o maestro Guido Rocchi, que sonhava com música. Ao despertar, escrevia as notas na parede.

Outros chegam a pintar, desenhar ou até mesmo esculpir as fugidias visões que nos visitam durante o sono.

Quando ouvimos um sonho, tem lugar de imediato um procedimento mental distinto daquele decorrente do ato de ouvir com atenção um dos fascinantes textos de Foucault, por exemplo, que são recebidos pela engenhosa capacidade de entendimento do *Logos*, dispensando o recurso a imagens, pois delas não provém. Mas o texto de um sonho engendra e dispara uma cena mental de imediata apreensão, que se move e modifica conforme o desenrolar da ação. Esta não é, rigorosamente, uma língua em termos linguísticos. Quando muito, é uma narrativa cinemática, mas a tela na qual as imagens em movimento são projetadas é mental, pessoal, única e inimitável, só podendo ser comparada com outra ou comentada com o sonhador por meio de palavras, e não como se dá a contemplação direta de uma fotografia ou de um filme frente aos nossos olhos, que se apresentam de forma precisa e imutável. A imagem que alguém faz daquela exibida pelo sonho de outrem não é jamais uma reprodução precisa, mas apenas uma aproximação – e é por isso que sempre pergunto os mínimos detalhes, para que a visualização que vai despontando em minha tela interior seja o mais próxima possível daquela que as palavras do sonhador sugeriram.

O nosso museu de sonhos, ou nossa oneiroteca de Alexandria, é farto, um belo manancial, onde o sonho de Gilgamesh em que uma estrela caía sobre sua cabeça[3] aparece ao lado do de Chuang Tse, que não sabia se sonhava que era uma borboleta ou se ela é que sonhava que era ele, ao lado igualmente dos sonhos de Jacó, de José esposo de Maria, de Penélope[4], do xamã Sioux Black Elk ou de Jasone Terena[5],

3. Marie-Louise von Franz, em seu *O Caminho dos Sonhos*, nos oferece uma bela interpretação desse sonho (pp. 60-62), assim como dos de Jacó (pp. 70-72) e de José, esposo de Maria (pp. 80-82). Editora Cultrix, São Paulo, s.d.
4. Adelia Bezerra de Meneses, seguindo outra vertente, também comenta com brilho o sonho de Penélope em seu *As Portas do Sonho*, São Paulo, Ateliê Editorial, 2002, pp. 155-187.
5. Que serviu de tema central de meu livro *Espelho Índio – A Formação da Alma Brasileira*, São Paulo, Axis Mundi/Terceiro Nome, pp. 17 e 157.

além dos sonhos de milhares, milhares de pessoas de todas as épocas, dos judeus em Berlim que viam o Nazismo se expandindo[6] às crianças brasileiras na era da pandemia viral. Todos os sonhos, tudo o que colecionamos, estudamos, tentamos interpretar ou entender, são textos traduzidos de uma língua a outra a partir de um dado inicial, uma imagem que ficou gravada na mente de alguém ao despertar. Jung teve um *insight* maravilhoso ao desenhar e pintar minuciosamente seus sonhos e visões imaginais e propor que se adotasse essa prática. Mas nem mesmo as representações plásticas mais requintadas sustentam-se sozinhas, primeiro porque não se movem, *tableaux vivants* que são, e segundo, porque muito do que está contido num sonho não pode ser graficamente representado, como por exemplo diálogos, proclamações, sentimentos, sensações, climas, emoções, decisões, sustos, pensamentos, pânicos e orgasmos. Diria então que "transliteração" poderia aqui ser entendida como uma operação processual que nos permite entender uma comunicação do inconsciente em que palavras e imagens aparecem fundidas, compartilhando ambas a mesma essência, da mesma intenção e do mesmo sentido, gêmeas univitelinas que são, uma dando a mão à outra, Verbo e Cena, Luz e Som, Visão e Entendimento: o dentro e o fora de uma mesma preciosa e inigualável realidade interior.

***

6. Ver o valioso livro de Charlotte Beradt, *Sonhos no Terceiro Reich*, São Paulo, Três Estrelas, 2017.

Título	*A Voz e o Tempo:*
	Reflexões para Jovens Terapeutas
Autor	Roberto Gambini
Editor	Plinio Martins Filho
Produção editorial	Aline Sato
Capa	Gustavo Marchetti sobre a obra
	A Árvore da Vida, de Gustav Klimt
Editoração eletrônica	Gustavo Marchetti
	Camyle Cosentino
Revisão	Plinio Martins Filho
Formato	16 × 23 cm
Tipologia	Adobe Caslon
Papel	Cartão supremo 250 g/m² (capa)
	Couché fosco 115 g/m² (miolo)
Número de páginas	240
Impressão e acabamento	Cromosete

Página 240: Com o molho de chaves na mão, Jung fecha – ou abre? – a porta de sua casa. Foto de 1960 de autoria de Tim Gidal em *C. G. Jung Word and Image*, Aniela Jafé (ed.), Princeton University Press, 1979, p. 137.